Wolf von Guggenberger

LIEBE

Haben Sie Fragen zum Text?
Wollen sie eine Gesprächsrunde,
einen Vortrag oder Seminare organisieren?

Dann schreiben Sie mir bitte an:
Andreas Wolf von Guggenberger
Großbeerenstraße 34
10965 Berlin
Deutschland
Tel: 0049 (0) 176 326 51 517
vonguggenberger@freenet.de
www.seelenlichtraum.de

Impressum
LIEBE
© Andreas Wolf von Guggenberger 2019

Titelfoto © Fotolia

Liebe du in uns Allen bist, unser Wesen erstrahlst, die Farben leuchten lässt. Licht im Klang unserer Stimmen, in den Erfahrungen unserer Herzen und Worte, die wir von dir Liebe, von deinem Licht bewegt, leben. Mit dem Licht der Farben und Düfte du uns glücklich erregst, lebendig machst mit deiner berührenden Schönheit des Lebens.

Die Liebe uns allen dient, sich als Leben uns allen hingibt, nichts will und alles gibt. Mit Ihrem Geist, ihrem Bewusstsein und Licht sie sich uns hingibt, in denen wir uns wahrnehmen und kommunizieren. Sie nährt uns mit ihren Erfahrungen, Qualitäten und Zuständen. Weich, sanft fließend, bewegt sie uns mit dem Leben. Von ihrer Vielfalt und dem Leben in immer neuen Formen erschaffen, bewegt sie uns, die uns als Einheit ruhend in sich vereint. In Gedanken- und Gefühlsflüssen, sie verdeckt und unsichtbar als Licht fließt, dem Festen und Harten von innen her seine Ausstrahlung gibt. Verborgen im Licht der Sonne und unseren Seelen, bewegt und nährt sie uns.

In uns, durch uns hindurch, die Liebe uns in sich vereint, die Stille und Ruhe in jeder Bewegung ist. Sie uns lebt. Von ihr bewegt, erkennen wir die Liebe in einem Lächeln, das unser Herz schneller schlagen lässt. In ihr wir lieben, uns plötzlich im Anderen verliebt erkennen, die uns zusammendrängt. Strahlend in deiner Haut, deinem Duft und Lächeln, sie lebendig wird. Weich deine Lippen mich locken. Nichts ist mehr, wie es vor wenigen Minuten war. Alles pulsiert und strahlt. Im Lebensfluss der Liebe wir fließen, ihr Leuchten in deinen Augen.

Leute uns neugierig, lächelnd anblicken. Licht- und Liebesflüsse fließen durch die Gemeinschaften, durch unsere Augen, Worte, Gefühle und unsere Herzen, die berühren. So lieben wir schon, bevor wir es merken.

Die Weihnachtstage sind vorüber. Langsam kehren die Menschen zurück. In Berlin ist es matschig, still und gedämpft. Die Ruhe machte mich träge. Vor Weihnachten habe ich meinem Buch „Evolution der Seele" beendet. Müde schwebe ich etwas und fiel in eine Leere. Meine Erkältung machte diesen Zustand nicht angenehmer. Träumend und knurrig, schleppte ich mich unruhig durch die Feiertage. Doch nun war Ruhe und Frieden eingekehrt, so dachte ich jedenfalls. Doch mein Geist wurde wieder unruhig und bedrängte mich mit Inspirationen. Beim Fernsehen ärgerte ich mich, dass ich sie nicht aufschrieb. Nun sitze ich im Café und beginne die Bilder und Inspirationen zu sammeln, sie aufzuschreiben. Ich hoffe, dass sie sich spiralartig zu einem Sinnhaften verdichten werden, das das Wesen der Liebe fassbar macht. Wie immer weiß ich nicht, wohin mich das Schreiben führen wird. Doch richte ich mich nach der Liebe aus und hoffe auf Führung.

Am Nachbartisch streiten sie mit immer ähnlichen Argumenten heftig über die Politik. Aus irgendeinem Grund lieben wir es, uns aufzublähen, über Politiker, Ordnungskräfte, Parteien und Nachbaren zu schimpfen. Gedrängt vom Unbekannten, fremden Anderen, das uns feindlich erscheint. Kennen wir sie oder sehen wir in ihnen nur unsere Vorstellung, Ängste und Bewertungen, die sich in ihren fremdartigen Kleidern und ihrer

Hautfarbe zeigen? Sehen wir uns etwa selbst – unsere Angst vor dem sozialen Abstieg und der Ausgrenzung, wenn wir den irr lachenden Verrückten mit seinem zerzaustem Haar sehen? Vorurteile, die unsere Augen und Gedanken führen, sich in uns bestätigen und sich mit unseren erregten Emotionen nähren. Wir denken, dass wir selbst denken. Doch wer denkt in uns – Gewohnheiten, Vorurteile, die sich unserer Gedanken und Gefühle bedienen? Wieso sind sie wichtiger als wir Menschen? So wichtig, dass wir mit ihnen lästern, uns entwerten und bekämpfen. Wir geben ihnen unsere Macht, um uns gegenseitig zu unterdrücken. Hinter den verschlossenen Herzen, vergessen die Liebe. Unser Spannungsgeladenes, Erregtes, das wir mit Kraft verwechseln, verdeckt unser Weiches, seelisch Sanftes und Liebendes.

Deine sanften Finger mir Ruhe geben, meine aufgewühlten Wellen beruhigen. Strahlen deiner Augen in mich hineinfließen, sich in meinen Strudeln drehen, die uns in die Tiefe hinabziehen. Zeitflüsse im Ewigen der Liebe verschmelzen, sich auflösen und unsere Wesen warm erleuchten. Wie Schlangen sich unsere Körper aneinanderschmiegen. Wir ineinander drängen, bewegt von uns durchdringenden, umschließenden Wellen. Sehnsüchtig atmen wir schneller. Pochend es uns überspült, mitreißt, uns auflöst. Von der Liebe getrieben, wir fließen. Das was ich war, erschöpft in deine Arme sinkt. Langsam aus den Wellen zu mir, in den Körper zurückkomme. Mich in deine warmen Brüste und Arme kuschle, mit denen du mich weich einhüllst. Ich liebe deinen Duft, dein Herz, wie es sich vom Leben bewegt, langsam beruhigt.

Ein Mann liegt zusammengebrochen im Treppenaufgang der U Bahn. Ist er krank? Ich hoffe, dass er betrunken ist. Der Menschenstrom mich an ihm vorbei durch den Gang zieht. Besoffen schläft er, rede ich mir ein. Ich ärgere mich über ihn und mich selbst. Erschrecke über meine Gleichgültigkeit. Mitgefühl ist von meinem Ärger, Frust und schlechtem Gewissen überdeckt, die mein Handeln lähmen. Ignorant fließe ich mit dem Menschenstrom, knöpfe meine Jacke fester zu. Kalt ist es, eisig die Nacht.

Wenn ich über die Liebe schreibe, was umfasst das? Ich werde meine Idee kurz skizzieren: Einst bevor die Schöpfung erschaffen wurde, erwachten formlose Erfahrungen der vorangegangenen Schöpfung. Form- und Körperlos erkannten sie sich nicht mehr. Sie waren präsent, hatten aber keine Präsenz. Existierten sie oder nicht? Bei dieser Frage verdichtete sich durch ihre Konzentration der Einheitsgeist. Das unsichtbare Licht der Liebe wurde langsam sichtbar. Plötzlich erkannten sie sich als Licht. Eine neue Schöpfung war erschaffen worden, die sich später selbst aufteilen wird. Die Schöpfung teilte den Einheitsgeist, das Licht und das Einheitsbewusstsein der Liebe in die Seelen, Licht-, Farb- und Klangsphären auf. In den rot, grün und gelb klingenden Nebeln stiegen zwischen ihnen weitere Bilder von Meeren und Flüssen auf, die sich mit Wasserbildern verschmolzen. Die neu aufgestiegenen Erdbilder verbanden sich mit Erdigen und die Himmel sich mit den aufgestiegenen Himmelsbildern. Im Lichtmeer der Liebe, entstanden so leuchtende, schwebende, sphärische Landschaften mit Tieren, Pflanzen und Menschen. Ihre Lichtkörper konnten nicht verletzt werden, weil sie zu sphärisch waren. In diesen sphärischen, leuchtenden Landschaften entstanden auch die Konzepte und Anlagen für das zukünftige Universum. Damals hatten die Seelen aber noch kein Gefühl für die Liebe. Weil alles liebend und ihnen selbstverständlich war. Der Wert von Schönheit, Leben und Liebe waren ihnen noch nicht bewusst. Diese Werte sollten sie erst im zukünftigen Universum erlernen, wo die Seelen als Schablonen dienen werden, um die herum sich die Materie bilden wird. Wir Seelen sollten Vielfalt erschaffen, in der sich die Liebe in immer neuen Erlebnisebenen, Qualitäten und Zuständen der Wahrnehmung selbst erleben konnte. Alle Geschöpfe und Menschen sollten sich tief empfinden und wahrnehmen. Durch die Verdichtung und unsere Verletzbarkeit sollten wir den Wert der Liebe und der Schönheit erlernen und im Inneren unsere Vielfalt entdecken. Darum ging es auch nie um Schuld oder ein Gefallen sein – wie es uns die Religionen lehrten. Nein, es ging um Ausdruck und Vielfalt. So war es die Einheit, die sich selbst aufteilte, um sich als Vielfalt zu individualisieren und zu verkörpern. Die Einheit wollte den Erfahrungen ihrer Vielfalt wieder Ausdruck und Wirkung geben. Dafür erschuf sie die Seelen – mit ihren komplexen Wahrnehmungsebenen, in die sich die Liebe mit ihrem Geist, Bewusstsein und Licht aufteilte. So drangen wir als Seelen ins Universum ein und reisten zur Erde, wo wir durch die Mütter geboren wurden. So wuchsen wir unter physikalischen, moralisch-sittlichen, religiösen und staatlichen Gesetzen auf, die ursprünglich nie die Unseren waren. Auf die Mitmenschen ausgerichtet, identifizierten wir uns mit unseren Körpern und der Persönlichkeit, die sich durch Konzentration der

Elemente, Schmerz, Verletzungen und Angst verdichteten. Über viele Leben lehrten uns die Religionen, dass wir von Erbsünden belastet, schuldig seien. Für unseren Eigenwillen und triebhafte Lustbarkeiten müssten wir Buse tun, da uns sonst die Hölle drohte. Von Angst erfasst, verinnerlichten wir diese Irrlehren. Von ihnen überwacht, von Hexenprozessen und Bannen verfolgt, wandten wir uns gegen uns selbst und bekämpften uns. Verletzt, verschlossen wir unsere geistigen Herzen und vergaßen unsere Seelen mit ihrem Licht. So kokonierte sich unsere Persönlichkeit in der Seele einst wie eine Raupe ein und kühlte etwas ab. Angst, Einsamkeit und Entwurzelung entstanden in uns, die wir mit Leere und Frustrationen überdeckten, um sie nicht zu fühlen.

Heute sind wir unserem Inneren noch immer entfremdet, weil wir zu stark auf das Außen ausgerichtet sind. Unsere Persönlichkeit ist noch immer in der Seele einkokoniert und etwas abgekühlt. Unsere Innenwahrnehmung und unsere Ausdrucksweisen verflachten. Wir können unser Inneres nicht mehr recht ausdrücken und das wärmende Seelenlicht nicht mehr empfinden. Dafür suchen wir Wärme in Alkohol, Drogen, Sex und Eigentum, die uns erregen. Dadurch wurden die Richtungen unserer Liebesflüsse umgekehrt, weil wir das Fließende, Liebende, sich Verwandelnde festhalten wollen. Wir wollen festhalten, was nicht festzuhalten ist. So träumen wir von einer Freundin, von Eigentum und Besitz, wie wir auch unsere Körper besitzen. Im Eigennutz wird die dienende Liebe verdreht. Wir hoffen, sie festzuhalten. Tatsächlich lässt sie sich aber nicht festhalten und entweicht uns ständig. In unseren Liebesgefühlen verletzt, machen wir Andere zu Feinden. So begegnen wir uns selbst und dem Leben mit Misstrauen. Wir ängstigen uns vor unserem seelischen Unbekannten, das sich gegen unsere Kontrolle, unsere zu engen Rahmen und Begrifflichkeiten erhebt. Unsere Seele erhebt sich gegen zu enge Selbstvorstellungen und Konzepte, die uns einsperren, lähmen oder uns zu stark erregen. So erhoben wir uns einst gegen die Liebe und unsere Vielfalt, die sich durch uns ausdrücken wollen. Viele kämpfen gegen ihre Vielfalt und seelischen Bewegungen. Mit unseren Gesichtern reagieren wir auf die inneren und äußeren Bewegungen. Unsere verdunkelten Mienen verfestigten oder verkrampfen sich. Unsicher wehren wir uns gegen das Liebende, weich-sanfte Seelische und Verletzbare in uns. Wir kämpfen dagegen und können nicht mehr ausdrücken, was uns innerlich bewegt. Von inneren Spannungen unserer Sprach- und Ausdruckslosigkeit aufgeladen, entstehen Wut und Frustrationen, die sich auch in Gewalt entladen. Gegen das Innere gewandt, versinken viele in Traurigkeit, Angst, Alkohol, Drogen und Depression.

Draußen ist es kalt. Hastig laufen die Menschen, in ihren Jacken verpackt, durch die Straßen. Zwei ältere Damen genießen hinter dem Fenster ihre Schokoladen und Kuchen. Ich muss an meinen Bauch denken. So schön hatte ich abgenommen, doch will ich nicht klagen. So hat jeder seine Unpässlichkeiten, die aber gerade das Lebendige ausmachen. Ein Auto hupt, grollende Blicke blitzen. Die Weihnachtstage haben mich noch immer im Besitz. Ich bin noch nicht im Alltag zurück. Von Inspirationen bewegt, schlendere ich zu meinem Café. Ich will sie festhalten, aufschreiben, immer neue Bilder kommen.

So kann der Versuch die Liebe zu beschreiben nur fehlschlagen, da sie sich allen Beschreibungen entzieht. Sie lässt sich nicht festhalten. Sie ist das Innerste, Stärkste. Sie bewegt mit dem Leben ihre äußeren Phänomene, die wir beschreiben, fühlen und empfinden. Wir erschaffen im Inneren und Äußeren unser Miteinander, die sich in uns wechselwirkend erschaffen. Die Liebe gleicht mit dem Prinzip der Gewöhnung die Spannungen und Qualitäten unserer Beziehungen aus. In dem wir uns an etwas gewöhnen, werden Erregungen und Euphorien gedämpft, um uns in unsere Grundspannung zurückzubringen. Dadurch sollte auch ein vernünftiges Miteinander entstehen, indem die Individualität – als Spiegel der Vielfalt, Platz hat. Individuelles soll sich entfalten und in der Einheit geschützt zu werden. So gibt sich die Liebe – mit ihrem Einheitsgeist, Bewusstsein und Einheitslicht, uns allen hin. Die Liebe will nichts von uns, als sich in uns zu erleben und in unsere Herzen vorzudringen. Sie gibt uns die Freiheit. Auch die Freiheit unsere Herzen durch Wut, Zorn, Neid und Frustration zu verschließen, um die Liebe aus den Gefühlen unserer Persönlichkeit zu verbannen. Indem wir unser Herz verschließen, kriegen wir aber nur wenig seelisches Licht und Liebe. Die Liebe mit unserem Seelenlicht würde aber alles in uns ausgleichen, uns Stabilität und Heimat geben. Wir können die Liebe aus der Persönlichkeit vertreiben, doch nie aus unserer Seele. Doch was passiert, wenn wir uns dem Licht unserer Seele und der Liebe entziehen? Unsere Persönlichkeit kühlt ab. Einsamkeit, Angst und ständige Unruhe wachsen in uns, die sich in drängende Sehnsüchte und Wünsche verwandeln. Sie treiben uns an zu viel Sport zu treiben, im Sex, mit Alkohol, Drogen und

Extremtätigkeiten innere Wärme zu finden. Leider sind diese Versuche zum Scheitern verurteilt, weil wir uns nach der Euphorie in der Melancholie und nach der Erregung in einer kurzen Entspannung wiederfinden werden. Dieses Glück ist nicht konstant, weil es Hunger nach immer mehr erschafft. Von inneren Wellen und Energien bewegt, werden wir denken, dass wir uns selbst bewegen. Tatsächlich werden wir aber von der Liebe, ihrem Leben bewegt, verwandelt und angepasst. Hinter den Reflexionen des Sonnenlichtes, der Klänge und Farben, erleuchtet die Liebe nicht fassbar das Wesen von Allem. Sie will sich durch uns ausdrücken, wirken und berühren. Sie erstaunt uns, lässt uns genauer hinschauen und uns wundern. Die Liebe macht unser Leben wunderbar, indem sie uns im Gewohnten, Selbstverständlichen kleine Wunder erkennen lässt, die unsere Herzen berühren.

Plötzlich erinnere ich mich an ein Fest. Wir kannten uns erst kurz. Verliebt blickte ich dich an. Mit dem Champagner in der Hand hattest du gelacht, dich um dich selbst gedreht. Die Anderen waren irritiert. Von deiner Zartheit, deinem Leben und liebenden Wesen bewegt, lachten sie mit dir. Sie suchten deine Nähe. Begehren flackerte aus ihren Augen, die dich berührten und sich mit deinem Feuer verschmolzen. Plötzlich aufgerüttelt, näherte ich mich dir. Du hast es nicht bemerkt und genossen, wie sie dich begehrten. Kannte ich es doch von mir selbst. Das, was man nicht hat oder dem Anderen gehört, hat seinen besonderen Reiz. Futterneid, den wir noch nicht überwunden haben. Ich nahm dich beim Arm:
    „Entschuldigt uns."
Erstaunt und irritiert blicktest du mich an.

„Komm."

Ich spürte deinen Widerstand – den Widerstand der Liebe, wie ich mich gegen ihre Bedingungslosigkeit und ihr Dienen wehrte. Wie sie sich in der Schönheit deines Wesens zeigte. Verunsichert wollte ich dich für mich – alles in dir, dich festhalten. Ewig sollten unsere gemeinsamen Zustände, Gefühle und unser Erlebtes sein. Deine Augen verdunkelten sich.

„Was ist los, nicht so fest."

Ich drängte dich auf die Terrasse. Innerlich hin und her gerissen, wissend dass ich nichts festhalten konnte, da die Liebe fließt und sich stets verwandelt. Ich lehnte mich gegen sie auf, wollte dich für mich. Erregung und Begierde hatten mich erfasst.

„Wieso lässt du sie so nahe an dich ran?"

„Von was redest du?"

Sie hatte es nicht bemerkt, schwelgte. Ihre Blicke forderten mich.

„Hast du nicht gesehen, wie sie dich anblickten?"

„Das ist doch ihr Problem?"

„Meinst du?"

Ich merkte, wie ich ihr Unrecht tat. Doch ich konnte nicht mehr zurück. Ich machte sie zu mir, verinnerlichte sie, wollte sie beschützen. Mir sollte sie gehören. Ich erschrak über mich selbst, zitterte.

„Liebst du mich? Willst du mich?"

Erschüttert blicke ich sie an. Stehe nackt vor ihr – entwaffnet. Ich blickte in ihren weichen, mir verzeihenden Blick, der mich tief berührte. Von mir selbst, meinen irrtümlichen, ängstlichen Phantasien war ich verletzt worden, denen ich ausgeliefert war. Mir war zum Weinen.

„Komm zu mir!"

Sie umarmte mich. So zart waren ihre Finger auf meiner Haut, vergebend ihr Blick. Tief erweckte sie die Liebe und vertrieb meine dunklen Wolken der Angst.

Die Liebe kann unser Zeit- und Raumempfinden auflösen. Wir sehnen uns danach. Doch wie ist das möglich, wenn Raum und Zeit für uns existieren? In unserem Inneren verlangsamen oder beschleunigen Motivationen und Erwartungen unsere Zeitflüsse. Die äußeren, künstlich-mechanischen und berechenbare Uhrzeiten ticken dagegen immer gleich und exakt. Die Kinder sind in der letzten Schulstunde vor den Ferien von ihren Erwartungen sehr erregt und kribblig. Wieso? Weil die äußere mechanisch-berechenbare Urzeit sich viel langsamer bewegt als die Zeitflüsse ihrer Triebe und Motivationen. Von Naturzyklen bewegt, die sich mit kleinen Abweichungen ständig wiederholen, bewegen wir uns. Ihre Abweichungen machen das Lebendige aus und lassen Spontanes und Zufälliges entstehen, so auch unsere Fehler. Im Inneren leben wir in einer Gleichzeitigkeit – in Vergangenem, mit dem wir das Gegenwärtige vergleichen, beurteilen und zukünftige Möglichkeiten erschaffen. Im Äußeren dagegen leben wir durch unsere Körper in aufgeteilten Zeiträumen, weil wir mit ihnen weder in die Vergangenheit, noch in die Zukunft reisen können.

Wie ist es aber mit dem Raum? Durch die Grenzen der Räume hindurch ist alles in Bewegung und im Austausch. Räume erkennt man durch ihre Innenräume, deren Grenzen sich öffnen und schließen, um sich vom Außen abzugrenzen. Durch die Räume entstehen auch

Zeiten, weil wir zwei sich bewegende Teile im Raum erkennen und beschreiben können. So bestehen die Räume meist selbst aus Innen- und Zwischenräumen, die sich öffnen und schließen können, um in Systemen Erfahrungen auszutauschen. Durch ihren Austausch können sie sich anpassen, Reibungen, Wärme, ständige Bewegungen und Leben entstehen lassen. Wären die Räume, Grenzen und Membranen aber geschlossen, könnten keine Dienstleistungen, Güter, Nahrungsmittel und Informationen ausgetauscht werden. Es würde keine Reibungen mehr geben. Alles würde abkühlen, vereisen und sterben. Darum müssen die Räume sich auch öffnen, um Erfahrungen zu tauschen und sich schließen, um sich zu verkörpern. Darum sind alle Räume durchlässig und in einem Raum verbunden. Tatsächlich sind sie ein Raum. Nun haben wir aber ein Problem: Wenn alle Räume in einem Raum verbunden sind, was wäre dann das Letzte, wo es kein Äußeres mehr geben würde? Es wäre die Ewigkeit der Liebe, die sich einst als Vielfalts- und Schöpferkraft in ihren Ebenen, Räumen und Seelen individualisierte. Mit Hilfe der Räume und Seelen wollte die Liebe ihren Erfahrungen wieder Ausdruck, Formen, Qualitäten und Zustände geben. Ihre Räume sind Teile der Ewigkeit und von gleicher Substanz – Einheitsgeist, Licht und Bewusstsein der Liebe. Die Liebe durchdringt und vereint alles in sich. Sie ist die Allgegenwart und Präsenz, in der die Räume und Zeitflüsse¬ von Zukunft, Vergangenheit und Gegenwart sich wechselwirkend erschaffen und verändern.

Auf der Insel peitscht mir der Wind mit seinen Regentropfen ins Gesicht. Endlich konnte ich mich aus dem

Sog der Stadt befreien, in der man den belebenden Sauerstoff mit der Feuchtigkeit nicht mehr richtig spürt. Man lebt unter einer Wärmeglocke, an der die Winde und Regen meist vorbeiziehen. Aufgewirbelt, tanzen Feinstaub und Smog in den Autoschlangen und Menschenmassen, die sich durch die Schluchten der Häuser bewegen. Ich ziehe meine Kapuze über die Kappe und Hülle mich in meiner Jacke ein. Die Bäume und Sträucher beugen sich dem Wind, um sich sofort selbstbehauptend wieder zu erheben. So wanken sie in den wirbelnden Windströmen hoch und runter. Tannenzweige zum Himmel hin grell und silbern leuchten, an ihrer Unterseite sind sie dunkel. Ob sie ein anderes Grün haben? Nein, überall kann ich es finden. Besonders beim Hals des Pfaues, der in hundert Blautönen immer wieder unterschiedlich leuchtet. Es ist das Licht, das alles erstrahlen lässt und die Farben nuanciert. Das Graue des Himmels, das sich in den Wassertropfen, der Lüfte und Pflanzen spiegelt und allem Feuchten seinen silbernen Schleier gibt. Das reflektierte Licht, lässt alles strahlen, das durch sein inneres Wesen selbst erstrahlt. Licht im Licht alle Farben erstrahlen. Ob die Farben und Klänge aus gebrochenen, unterschiedlich verdichteten Lichtschwingungen entstehen? Was wäre die Welt ohne Farben, Licht, Klänge und ohne Raum? Wir würden nicht mehr existieren. Ohne Farben, Licht und Klänge wäre alles Dunkel, ohne Zustände und Qualitäten. Das Leben würde seine Lebendigkeit verlieren. Ohne Körper, Farben und Klänge wäre die Welt nicht vorstellbar. Ohne unsere Vorstellungen und Erinnerungen, in denen das Äußere sichtbar wird, gäbe es für uns nichts – auch uns selbst nicht. Sie sind die Grundlagen von Allem. Grün das Ausgleichende, mit dem Sauerstoff das Leben erschaffende. Rot das Warnende, die Energie des Feuers, das Transformierende. Wasser, das sich im Blau des Himmels spiegelt, Informationen trägt und sich Allem anpasst. Weich nährt es alles, erweckt es zum Leben und zerstört es tosend in Tsunamis. So auch der Wind, der den Regen und die Samen auf der Erde verteilt, die durchs Wasser benetzt, zu Pflanzen werden. Das Braun sich von der Erde reflektiert, verfestigt und formt. Die Farben spiegeln sich im Licht, verbinden sich mit ihren Elementaren, Elementen und Tönen, um Formen und Körper zu erschaffen. Sie lassen das Gewohnte in immer neuen Nuancen erscheinen. Mit ihnen gibt sich die Liebe mit ihrem Leben, ihrer Schönheit, den Farben und Klängen uns allen hin. Sie gibt sich uns mit ihrem Licht, Geist und Bewusstsein hin, in denen wir uns wahrnehmen, kommunizieren und Erfahrungen austauschen. Durch die Einheitsliebe und das Leben können wir uns in der Vielfalt erfahren und sie erschaffen, die sich in unseren Gemeinschaften, der Natur und der Schöpfung selbst erschafft. Von der Liebe bewegt, berühren wir und erschaffen ihre Vielfalt, die sich durch uns hindurch immer wieder mit sich selbst verschmilzt.

Die Insel mit ihren Bäumen und blauen Pfauen wird kleiner. Die Fähre zerschneidet die vom Wind gepeitschten Wellen, die sich aufgebracht aufbäumen und uns schwanken lassen. Sanftes und weiches Wasser kann peitschend alles zerstören, sowie Farben und Lichter in Schatten intensiv leuchten. So suchen auch Süchtige das Lebendige. Sie wollen immer mehr, Intensiveres und stürzen dabei ins Dunkle. Von der Sehnsucht angetrieben, das Intensive suchend, vergessen sie das Normale und Sanfte. In Extremen wollen sie Erleben und Grenzen überschreiten, die sie beengen. Wie Ikarus der zur Sonne flog und das schmelzende Wachs seiner Flügel vergaß. Nach und nach beginnen sie die Grenzen des Normalen, der Ordnung und des Lebendigen zu verachten. In Drogen, Extremen und Psychosen suchen sie grenzenlose, verschmolzene Zustände und Qualitäten, in denen sie – von sich selbst befreit, schweben wollen. Durch die Drogen ihre Sinne, Klänge und Räume fühlend, erschöpfen sie dabei ihre Drüsen und verschließen ihre geistigen Türen. Am nächsten Morgen kotzen sie erschöpft und schleppen sich durch den Tag. Die nächsten Tage erscheinen ihnen unsicher und leer. Wo aber sind diese gewaltigen Eindrücke geblieben? Das Normale befriedigt sie plötzlich nicht mehr. Ihre Hormondrüsen sind erschöpft. So irren sie – den Kick suchend, unbefriedigt und gierig umher. Sehnsüchtig warten sie auf das Wochenende, auf Partys und den Rausch. 24h Stunden, bis zur Erschöpfung sie tanzen – um dahinter endlich Stille und Fließen zu finden. Im Drogenrausch lösen sich ihre Grenzen auf. Befreit von Zwängen und Hemmungen, verschwimmen die Grenzen und Gefühle mit den Klängen, Farben und Räumen. Doch die Tage danach werden immer leerer. Alles erscheint ihnen öde und dumpf. Unruhig angetrieben, wankelmütig, können sie sich nicht mehr konzentrieren. Gefühle, Drogengedanken und Erinnerungen verbinden sich zu Kreisläufen, werden im Kleinhirn zu Reflexen und Gewohnheiten, die sie denken und fühlen. Sie treiben die Jugendlichen in die Sucht. Nie wollten sie süchtig werden. Doch plötzlich suchen sie im Spaß und Leiden Stress, um sich mit Drogen zu belohnen. Ihre Nerven nehmen schaden. Angeschlagen, nimmt ihre Toleranz ab. Sie können sich nicht mehr aushalten und entfliehen Allem. Ihre Interessen nehmen ab. Nur noch den Kick haben sie im Kopf. Den Kick in den Gefühlen, im Orgiastischen suchend, irren sie im dunklen Tunnel ihrer Begierden umher. Ihr Radar hat sich vom Leben abgewandt und sich dem Todestrieb verschrieben: Was ihnen schadet wird plötzlich gut. Zwischen den Fahrbahnen, an Kreuzungen, Süchtige sich um eine leere Flasche schlagen. Nach Bier stinkend grölen sie in den Auspuffgasen. Ein Mann sich besoffen nicht mehr nach Hause traut. Voller Scham, entsetzt, steht er dem Alkohol machtlos gegenüber. Im Rettungsring des gebügelten Hemdes und seiner Erfolgsgeschichten schwimmt er einsam über der dunklen Tiefe seiner Angst, die ihn mit seiner Arbeit und der Familie hinabziehen will. Zitternd sitzt der Junge im Fäkaliengeruch. Mit der Spritze zieht er Wasser aus der Toilette, lässt es mit der Flamme im Löffel kochen. Hastig sticht er sich die Nadel in seine blau-rot entzündete Vene und legt den Kopf nach hinten. Plötzlich Krämpfe, die ihn schütteln, Schaum ihm Mund. Auf der dreckigen Toilette sein Leben aus ihm herausfließt, stirbt er.

Noch immer ist es kalt, matschig und grau. In sich gekehrt hetzen die Leute zu den Bussen oder suchen in der U-Bahn Schutz vor der Kälte, wo die Berufsbettler mit ihren Pappbechern schon fordernd warten. Sirenengeheul, ein Krankenwagen drängt sich durch die Autokolonne. Vom Lärm irritiert, streife ich durch die Straßen. Ich hatte gestern ein neues Café entdeckt, indem Studenten, Grafiker, Journalisten an ihren Laptops arbeiten. Ein Umfeld, das liebend und inspirierend auf mich einwirkt.

So besitzt die Liebe auch immer eine schöpferische, heilende Lebens- und Erkenntniskraft: Kurz vor Weihnachten, habe ich mein Buch „Evolution der Seele" beendet. Nach der ersten Erholung verfiel ich eine Leere, die mich in ihre traurige Tiefe sog. Das Schreiben fehlte mir. Es gab mir Struktur und Sinn. Schöpferisches und Liebendes zeigte sich durchs Schreiben. Es bewegte mich von innen her, es auszudrücken und zu teilen. Will Liebe berühren und geteilt werden, um im Austausch zu wirken? Die Tage der Traurigkeit waren unangenehm und die Leere bedrückte mich. Sie stellte mein Tun in Frage. Woher kam die Leere im Hintergrund? Bestand sie schon vorher oder war es Erschöpfung? Viele Fragen, die mich tiefer in meinem Sumpf versinken ließen. Ich zwang mich zur Bewegung, machte leichte Spaziergänge, die mich aus der Trance meiner Traurigkeit erweckten. Sie brachten mein Leben in Bewegung, das sich mir durch seine Farben und Düfte öffnete. Gedanken der Liebe stiegen in mir auf. Nach drei Tagen begannen sie mich zu drängen. Ich ärgerte mich über meine Trägheit, dass ich sie nicht festhielt, statt Fernsehen zu glotzen. Einige Gedanken waren recht gut. Zugleich fand ich auch mein Tablet wieder mit der Tastatur, dass ich nie gebraucht hatte. Es versteckte sich unter einem Buch. Doch nun schien – wie aus Zauberhand, alles zusammenzuspielen. Die Magie der Liebe begann mich zu bewegen und zu schreiben. Ein Tag später war die Traurigkeit und Leere verflogen. Erfüllt und weich, im Fluss der Inspirationen, ließ ich mich durch die Neujahrstage treiben. Etwas schwebend, nicht wissend, was ich schreiben werde, wartete ich auf innere Bilder und Worte.

Ist das Schreiben mein Sinn? Nein, da ich es aber aus meinem Inneren mache, erfüllt es mich mit Sinn. Es gibt meinem Dasein einen wirkenden, heilenden Sinn, da sich das Schöpferische der Liebe durch das Schreiben ausdrücken kann – Form, Ausdruck und Wirkung kriegt. Sie inspiriert mich, bewegt mich zum Schreiben und lässt mich über die Liebe nachdenken. So benutzt mich die Liebe und ich sie. Beide werden wir zu Objekten unseres schöpferischen Ausdrucks. Nie weiß ich, was für Bilder kommen werden. Auch die Liebe weiß nicht, was ich aus ihr machen werde. So geben wir uns diesen Kräften des Vertrauens und der Hingabe hin – im Glauben, dass die Worte sich spiralartig zu einem Sinnhaften zusammenfügen werden. Vertrauen und Hingabe sind bewegende, uns führende und erschaffende Kräfte und Felder, die uns auch Ruhe geben, uns verbinden und gemeinsam vereinen. Sie sind Qualitäten und Werkzeuge der Liebe.

Am nächsten Morgen laufe ich, in meine Jacke eingehüllt, zum Café. Blitzlichter der Liebe drängen mich. Sie machen mich unruhig. Doch die Passanten und der laute Verkehr lenken mich ab. Wo sollte ich meine Inspirationen einsetzen? Wie kann ich über etwas schreiben, dass sich nicht fassen lässt? So viele schrieben über das Thema der Liebe. Nie ließ sie uns in Ruhe. Drängte uns, sie in Worte zu fassen und uns in der Liebe zu begegnen, um sie zu erfahren. Was soll ich schreiben, wie sie beschreiben? Schon jetzt entdecke ich, dass ich mich durch Klischees, Altes und besser Geschriebenes bewege. Doch egal, ich schreibe aus Spaß, lass mich fließen. Ich reihe Gedanken und spontane Bilder zusammen und hoffe, dass sich die Aspekte der Liebe in diesem Buch zusammenfügen werden. Noch in der Ruhe der Festtage, werde ich mich von mir nicht drängen lassen. Versuche nichts zu produzieren. Es soll mir Spaß machen, ein Erlebnis werden. Der Prozess des Schreibens soll mich weiterbringen, um mich mit Schöpferischem zu erfüllen. Von der verbindenden Liebeskraft bewegt, erschaffe ich. Ihr Schöpferisches ist nicht den Künstlern vorbehalten. Es drängt uns alle dazu, es auszudrücken, das sich durch uns hindurch ausdrücken möchte. Die Schöpferkraft ist die sich ausdrückende und selbst gestaltende Erkenntniskraft der Liebe. Eros und Logos erschaffen sich in ihr wechselwirkend, um sich selbst zu formen und Ausdruck zu finden. Eros und Logos bilden in der Schöpferkraft der Liebe eine Einheit und nutzen die Natur und unsere Gemeinschaften, um sich in immer neuen Formen auszudrücken.

So ist die Einheitsliebe die Innerste, in Allem ruhende Kraft des Friedens und Glücks, die sich einst in die Seelen aufgeteilt hatte. Der Evolutionsgeist der Liebe und der Vielfalt ist aber zugleich auch das Bewegende, Erschaffende und Ausgleichende. Die geistige Evolution der Liebe wirkt auf unser Bewusstsein. Im Universum teilte sie sich einst in eine zusätzliche materielle Evolution auf, die von der geistigen Evolution durchdrungen wird. Die Materielle wirkt durch die Natur und die Gene hindurch, artübergreifend in den Geschöpfen und ihren Gemeinschaften. In ihren Erinnerungen und Genen wirken die geistige und materielle Evolution zusammen. Wieso? Weil die sinnlich-physischen Erfahrungen der materiellen Evolution in ihren Erinnerungen gespeichert werden. Von dort aus werden sie zugleich in die geistige Evolution vervielfältigt – in ihr verarbeitet, die dann mit ihnen auf die Geschöpfe zurückwirkt. Wie? Die Menschen rufen durch ihre Gedanken und Handlungen aus der geistigen Evolution ähnliche Bilder und Erfahrungsprozesse ab. In Inspirationen verpackt, steigen sie in ihrem Inneren auf und bewegen ihre Gedanken. Die Menschen denken über sie nach, indem sie sie mit Erinnerungen vergleichen, sie bewerten und umsetzen. Dadurch verändern sie auch ihre Umgebung und die Natur und wirken so auf die materielle Evolution zurück. So entwickeln sich die geistige und materielle Evolution in uns gegenseitig und wechselwirkend. Die Schöpferkraft der Liebe erschuf einst alles zu seinem Besten.

Ich zog drei Monate Babykätzchen auf, bevor ich sie zu den Wildkatzen geben musste. Ich kann mich noch gut an ihre erste Nacht im Freien erinnern. Die Kätzchen waren so groß wie meine Hand. Was machten sie? Draußen fanden sie das Gitter des Ventilators und kletterten 1,5m senkrecht an ihm hoch. Oben angekommen, fanden sie das Fenster und verkrochen sich hinter seinem Gitter. Von unten konnten sie das Fenster durch die Gebüsche aber kaum erkennen. Es war der sicherste Platz für die Nacht. Von den Instinkten geleitet, lernten sie auch die schwierigen Abläufe der Jagd. So könnte ich noch mehr erzählen, das mich zu tiefst erstaunte. Wieso? Weil die Evolution artübergreifend, kollektiv wirkt und zugleich jedes Wesen individuell führt und anpasst. Sie lässt Jedem seine ganz persönliche, mehr oder weniger selbstreflektierte Entschluss- und Handlungskraft. Obwohl unsere seelisch-genetischen Anlagen vorgeprägt sind, können alle Wesen individuell auf ihre Prägungen reagieren und sich an die sich stets verändernden Situationen und Umgebungen anpassen.

Zufall und Schicksal erschaffen sich so wechselwirkend.

So wissen die Tiere auch, was sie zu tun haben, wenn sie krank sind, indem sie Gras oder gewisse Blätter fressen. Jedes Geschöpf kann sich stärker oder schwächer selbstreflektieren und entscheiden. Wir Menschen glauben aber, dass wir den Tieren überlegen sind, weil wir mit dem Wunderwerk unserer Hände und durch Vorstellungen Dinge erschaffen können. Ich sage nicht, dass es nicht stimmt, doch möchte ich es etwas relativieren. Die Tiere kriegen durch Klänge, Wellen und Gerüche ständig Informationen, die sie räumlich wahrnehmen. Durch sie können sie das Empfinden, die Stimmungen, Gesundheit und Fruchtbarkeitsrhythmen ihrer Mitgeschöpfe ablesen, Futter finden und Gefahren erkennen. Durch Blutstropfen, unregelmäßige Wellen und Gerüche können sie über riesige Distanzen ein verletztes Tier erkennen, es zwischen den vielen Reizen unterscheiden, um es dann zu jagen. So leben die Tiere in riesigen, räumlichen Farb-, Klang- und Geruchsräumen, in denen sie sich symbiotisch wahrnehmen und unermesslich viele Informationen abrufen können. Wir Menschen dagegen haben sehr beschränkte Anzahlen von Sinnesrezeptoren, die unsere Wahrnehmung stark einschränken. Die Welt des Einzelnen ist klein und vieles zieht unbemerkt an uns vorüber. Natürlich kann ich nicht, wie ein Tier fühlen und wahrnehmen. Ich versuche mir aber ihre Wahrnehmung vorzustellen, sie zu erahnen und sie mit meiner zu vergleichen. Was will ich damit ausdrücken? Es geht mir, um eine von den Religionen gelernte Überhöhung: Das wir Menschen besser als die Tiere sind und sie uns Untertan seien. Können wir aber den Wert von Liebe und Leben abschätzen? Wie können wir Leben bewerten, außer mit Krankheit und Tod? Wie wollen wir wissen, ob unser Leben mehr wert ist, als das der Tiere und Pflanzen? Nein, wir können es nicht bewerten, weil wir es in der Tiefe, mit seinen Dynamiken, gar nicht erfassen können. Nur Phänomene können wir beschreiben, durch die es sich ausdrückt. So glaube ich, dass es nur ein Leben und eine Liebe gibt, die mit ihrem Einheitsgeist, dem Licht und ihrem Einheitsbewusstsein alles durchdringen, sich in uns individualisieren und uns in sich vereinen.

In unserer Seele steigen Inspirationen hoch in unsere Evolutionsebene, wo sie mit artgerechten, sozialen Verhalten geprägt und mit Überlebenstrieben erregt werden. Verdichtet, steigen sie weiter hoch in unsere Persönlichkeit, wo wir sie mit dem ICH erkennen und uns dann über sie Gedanken machen, die wir mit Handlungen umsetzen. So lässt die Schöpferkraft der Liebe alles wachsen. Sie bewegt unsere Haare mit den Gräsern der Wiese, festigt die Knochen mit den Felsen und unsere Gewebe mit den Erdschichten. So lässt sie unser Blut mit den Flüssen fließen und erschuf uns mit riesigen Galaxien und Milchstraßen. Im Kosmos bewegt sich alles in Umlaufbahnen, von feinsten Gleichgewichten und Gravitationskräften gehalten. Alles wird von Elementaren und Elementen in schwingenden, sich ständig verschiebenden Grenzen und Feldern gehalten und neu erschaffen.

Mit der Schönheit von Farben, Klängen und Elementen, ließ die Schöpfer- und Vielfaltskraft der Liebe durch die Evolution auch einst die Natur entstehen: Wunderschöne Himmel, Meere, Gebirge und Landschaften, mit Tieren und Pflanzen. In feinsten Gleichgewichten erhält sie alles, nährt uns und vereint uns in sich. Zugleich verändert sich alles. Alles schwingt und klingt in Feldern, die unsere Körper durchdringen. Von ihnen erregt, reagieren wir mit unseren Sinnesorganen und Rezeptoren. In unserem Gehirn werden durch Musterkennung und Erinnerungen unsere Realitäten erschaffen, die das Äußere nachbilden. Wir erkennen das Äußere nicht, sondern nur innere Vorstellungen des Äußeren. So erleben wir uns in Realitäten, die von der Wirklichkeit immer wieder zurecht gerückt werden. Darum kommt es meist anders, als wir es wollten.

Die Liebe ist die innere Bildhauerin der Natur, mit deren wechselwirkenden Licht-, Farb-, Klang- und Elementarfelder sie alles nuanciert, verändert und ausgleicht, um es in seiner Form zu halten. Nie werden die Künstler diese prachtvollen, leuchtenden Farbnuancen und Formen der Natur nachbilden können. Die Forscher scheitern noch immer mit ihren Versuchen, die in den kleinsten Räumen erschaffenden Funktionen, nachzubilden. So scheitern wir auch oft an uns selbst, weil wir unserem tieferen Inneren kaum bewusst sind, zu stark aufs Außen ausgerichtet und fixiert sind. Wir sind uns unseren vielen individuellen und kollektive Ebenen, geistigen-psychischen und physikalischen Kreisläufen und Wechselwirkungen gar nicht recht bewusst. Trotzdem werden wir alle mit Schönheit und Mannigfaltigkeit beschenkt. Sie sind uns aber so selbstverständlich geworden, dass wir ihren Wert gar nicht mehr erkennen. Tatsächlich aber sind wir Teile von ihnen, ein Teil von der Natur, die durch uns hindurch wirkt. So provozieren die Jahreszeiten der Natur in uns auch ganz ähnliche Verhaltensweisen:

Winter

Die Tage sind im Winter kurz und die Nächte lang. Kälte, Schnee und Lichtmangel führen zur Sehnsucht nach Wärme und Gemeinschaft. Die Menschen ziehen sich in ihre Wohnungen zurück, um in ihren Familien Geborgenheit und Wärme zu finden.

In der Kälte des Winters richten sich Bäume, Pflanzen und Böden nach innen aus, indem sie ihre Oberflächen verschließen und verfestigen, umso ihre Wärme zu speichern. Dadurch vereisen auch die Seen, die ihre Wärme für die Pflanzen und Fische speichern.

Frühling

Im Winter wurde vieles im Dunklen der Erde und im Unterbewusstsein der Menschen vorbereitet. In der erwachenden Frühlingswärme werden erstarrte Erdschollen, sowie festgefahrene Beziehungsstrukturen in Bewegung kommen. Alles wird sich öffnen, wachsen, um sich wieder neu zu entfalten. Im Aufbruch, vom Sonnenlicht bewegt, suchen die Männer und Frauen neue Partnerschaften und Herausforderungen. So entfalten sich in der Frühlingswärme auch die Samen, die zum Licht emporwachsen, um als Blumen wieder neu zu erblühen. Die Blätter der Bäume sprießen wieder und alles erwacht in neuem Leben. Junge Früchte, bitter und frisch, sind voller Wachstumsenergie.

Sommer

Die Sonne des Sommers bringt Leben, Fruchtbarkeit und Schönheit. Pflanzen, Bäume und Geschöpfe erblühen, duften und entfalten sich. Die Menschen kleiden sich leuchtend und farbig, um ihre Sexualität und Freude auszudrücken. Paare finden sich und manche zeugen auch Kinder. In den langen Sommertagen erreichen die Entfaltungen und Ausdehnungen ihre Höhepunkte. Pflanzenblüten locken mit ihren Düften Insekten, die ihre Samen einsammeln und sie für das Neuentstehen verstreuen.

Herbst

Im Herbst nimmt das Sonnenlicht wieder ab und die Tage werden kürzer. Alles kühlt ab. Die Rückbesinnung auf das Wesentliche beginnt. Man überdenkt sein Leben, indem man sich wieder vermehrt nach innen wendet. Überflüssiges wird abgestoßen. Bäume und Pflanzen stoßen ihre Blätter und Stängel ab, um ihre Oberflächen zu verkleinern. Sie verschließen sich und verholzen, indem sie harte Hüllen und Samen bilden. Alles wendet sich wieder nach innen, um sich vor dem kommenden Frost des Winters zu schützen.

So entwickelt die Sonne das Leben und der Mond hält die Erde, mit ihren Meeren und Flüssen im Gleichgewicht und bewegt zugleich das Wasser und das Klima. Die Winde verbreiten die Samen über Wälder, Wiesen und Steppen, in denen sich Pflanzen entwickeln, die die

Tiere und uns Menschen nähren. Die Kometen der Sterne versorgen die Erde mit Elementen. Im dunklen Raum, um unsere Erde herum, erscheint die Schöpfung leer und still. Alles schwebt in ihr, die ist. Vom physikalischen Raum verdeckt, unsichtbar verborgen, strahlen farbigklingende Wahrnehmungsfelder und Seelen. In der Tiefe wird das Universum auch von der ADAMEBENE durchdrungen und von ihr umgeben. In der ADAMEBENE wurden damals die Konzepte und Anlagen für das Universum erschaffen. Mit der Erde, dem Universum und der Evolutionsseele, schweben wir gemeinsam im Licht-, Farb- und Klangmeer der Liebe. So werden wir alle von seinen Lichtsphären erleuchtet und durch unsere Seelen beseelt. Wir alle sind im Einheitsgeist, Licht und Einheitsbewusstsein der Liebe verschmolzen, in denen wir uns gemeinsam wahrnehmen, kommunizieren und Erfahrungen austauschen.

Aus den Weiten meines Gedankenreisens zurückgekehrt, sitze ich hier im Café. Draußen regnet es. Meine feuchte Jacke hängt an der Stuhllehne. Weiß ich eine Lösung für die vielen Fragen der Liebe? Nein, weil ich mich in Widersprüchen der dienenden Liebe und meinen eigennützigen individuellen Wünschen erkenne. Ich möchte diese mich berührenden, sanften Momente der Liebe festhalten, die mich erwecken und für die Schönheiten des Lebens öffnen. Obwohl sie nicht festzuhalten sind, möchte ich sie behalten, mich in deinen Armen und Augen geborgen erleben, die mir Sicherheit und Vertrauen geben. So wie ich meinen Körper besitze, erlebe ich mich in unserem Feld, indem du Frau ein Teil von mir wurdest. Im seelischen Feld spüren wir uns auch, wenn Einer von uns in der Ferne bedrückt ist. Zugleich sind wir aber auch voneinander getrennt, jeder in seinem Körper. So muss es auch sein, da wir Teile der Vielfalt sind, die sich in den Gemeinschaften verkörpert, personifiziert, ausdrückt und uns entwickelt. Darum sind wir in unseren Körpern voneinander getrennt, doch in unseren seelischen Feldern und Beziehungen der Liebe verbunden. Die Liebe erschafft mit unseren Seelen Qualitäten, denen wir uns hingeben oder sie bekämpfen. Doch kann ich dich festhalten, die du frei bist? Nein. Doch sind wir nicht auch beide einst aus der Substanz Mensch erschaffen worden und zusammen eine Einheit? So sind wir in der Liebe eine Einheit und in unseren Körpern individuelle, personifizierte Vielfalt. So war es ja einst die Einheit selbst, die sich als Schöpfung selbst erschuf und sich in unsere Seelen aufteilte, um sich als Vielfalt in ihrer eigenen Einheit zu verkörpern. Nie geboren, nie gestorben, als Liebe nicht erfassbar, berührt sie unsere Herzen. Wir kennen sie genau, sehnen uns zutiefst nach ihr, die wir nicht richtig zu fassen kriegen. Wenn wir in der Liebe aber frei sind, uns liebend frei begegnen sollen, dürfen wir uns dann als Besitz des Anderen begreifen? Sind wir Objekte unserer Begierden, Wünsche und Bedürftigkeiten, um die wir uns alle drehen und die sich in deinem sanften, grazilen Körper zeigen? Oft lachst du wild und bringst mich aus der Fassung. Wir bezeichnen es als Liebe. Ich will dich aber für mich haben, doch dich entsprechend dem Wesen der Liebe zugleich auch loslassen, um dir zu dienen. Dient uns die Liebe nicht Allen bedingungslos? So möchte ich in ihr fließen, mich lieben lassen und lieben, zum höchsten Wohle aller – Freie Liebe? Zwölf Jahre war ich in einer Beziehung. Ich war Elke treu. Treue als Meditation, Altar des Vertrauens, für die empfangene Liebe? Fand ich sie? Es war sehr schön mit ihr, doch ich beendete unsere Beziehung, weil sie mir fremd wurde. Doch es war auch Leichtsinn, den ich manchmal bereue, weil ich mich nach Freiheit und Aufbruch sehnte. Damals konnte ich sie plötzlich in ihrem Inneren nicht mehr fühlen. Wer war sie eigentlich in ihrer Tiefe? Sie hielt mich draußen, lenkte von ihrem Inneren ab. War mir ihre Beziehung zum Bruder zu eng? Mit ihren Eltern hatte ich mich ja nach vielen Jahren vertragen. Ich erschrak damals. Was hatte uns zusammengehalten? Die Sinnlichkeit, unser Vertrauen, dass wir immer zusammen Sachen unternahmen? Genügte das? War es wirklich Liebe, wenn wir uns trotzdem plötzlich fremd wurden? Wenn ich aber spontan verliebt bin, wird mein Feld liebenswert und ich lerne oft zwei Frauen kennen. Doch der Versuch mit Zweien war mir meist zu anstrengend. Auch fand ich keine Sprache, war von monogamen Prägungen auch zu stark beeinflusst, die unsere Beziehungen auflösten. Wir kämpften gegen gesellschaftliche Sichtweisen und Überzeugungen: Das tiefes Vertrauen nur im Rahmen der Zweisamkeit möglich sei. Freie Liebe oder treue Liebe? Wieso muss sich Treue und die freie Liebe widersprechen? Gehören sie nicht auch zusammen? Ohnmächtig, weiß ich es nicht. Finde keine Lösung. So stehe ich der Liebe oft ratlos gegenüber, in der ich mich selbst suche, die mich lebt und liebt. Ich fand mich nicht liebend, wollte aber davon nichts wissen und suchte trotzdem weiter nach Liebe.

Wieder dieser Regen. Das Grau der Wolken, verdeckt die Sonne. Gerade bekam ich eine Anfrage: Mit welchem

Politiker in Österreich Jürg Jegge zu tun hatte? Ich verharrte und stockte. Viele Monate hatte ich nicht mehr an ihn gedacht. Es tat mir gut. Jürg Jegge, der seine Schüler therapieren wollte – es sich einbildete, um sie so sexuell zu missbrauchen. Nie hatte er eine Therapieausbildung gemacht und in seiner Pädagogikausbildung nur etwas Psychologie gelernt. Er glaubte, dass er sich für seine Schüler stark einsetzte, um dadurch das dunkle Geheimnis seines Schulversuches zu vertuschen und die von ihm Missbrauchten ruhig zu halten. Er nahm immer einen von ihnen zu Lesungen und Auftritten mit, die ihm so als Aushängeschilder für seine Bücher und Schallplatten dienten. Wenn Jürg Jegge sang oder schrieb, sprach er zu den Menschen wie zu Kindern und ließ sie regredieren. Sie identifizierten sich mit Jegges „dummen Schülern" und deren Lebensläufen, die er in seinen Büchern oft verfälschte. Die Zuhörer und Leser wurden im Inneren zu beschämten, verletzten „dummen Schülern" und gaben ihm für Momente ihre Kraft und Macht, mit denen er sich auflud. So wurden sie von ihm manipuliert. Nach seinen Auftritten wurde viel Wein getrunken. Später in der Nacht folgten seine therapeutischen Sitzungen, die mit Fummeln bis zum Orgasmus endeten. Dies machte er sogar in seinem Skilager, wo all seine Schüler im Massenlager schliefen: Er befriedigte sich an Einzelnen. Aus Scham taten alle so, als ob in der Nacht gar nichts gewesen sei. Beschämt, schwiegen sie über das dunkle Geheimnis seines kranken Schulversuches. Wieso er das tat, fragte man ihn später:

„Ich tat so viel für meine Schüler. Auch ich hatte meine Bedürftigkeit."

Damit drehte er die Hilfe für seine Schüler in Schuld um, die ihm seine Arbeit mit Sex zu bezahlen hatten. Die Erziehungsdirektion finanzierte sein Projekt.

„In den 68er Jahren, mit der sexuellen Befreiung und der Reformbewegung, wollten wir die Schulen erneuern. Wir waren davon überzeugt, dass neue Lehrer-Therapeuten-Beziehungen, die Schüler von unterdrückenden Zwängen befreien würden." Das war sein Hauptargument.

Waren in der Schweiz etwa alle Schüler krank? War es nicht Jegge selbst, der beschämt war und seine Homosexualität nie akzeptieren konnte?

„Heute würde ich es nicht mehr machen. Ich habe damit aufgehört."

Tatsächlich war er aber noch Jahre später davon überzeugt, was sich in späteren Interviews und Artikeln zeigte. Ich erschrak über seine Gefühlskälte, wie er in der Schweiz wegen seiner *„Empathie und Menschlichkeit"* mit berühmten Preisen ausgezeichnet wurde. Jürg Jegge kann sich bis heute nicht vorstellen, welchen Schaden er seinen Schülern zugefügt hat. Damals rannte er als Reformpädagoge von Termin zu Termin und von Auftritt zu Auftritt. Er vernachlässigte seine Arbeit aufs Gröbste, weil er nie Unterricht gab. In pädagogischen Büchern rechtfertigte er sein Treiben. Er klagte wie ihm von der Embracher Dorfgemeinschaft und der Erziehungsdirektion ständig Steine in den Weg gelegt wurden. Eigentlich sollte er seine Sonderschüler ja auf die Berufsschule vorbereiten. Sein Klassenzimmer ähnelte aber einem Spielzimmer. Nie hatte er Unterricht gegeben, nie wurde er von der Erziehungsdirektion geprüft. Sein Schüler

Zangger musste mit Hilfe von Anderen im Geheimen den verpassten Stoff nachlernen. Sogar der Beamte, der über seinen Schulversuch eine wissenschaftliche Arbeit schrieb, schütze ihn. Jürg Jegge war in dieser Zeit als ein Medien-Reformstar unantastbar. Niemand hätte seinen Schülern geglaubt, dass sie von ihm sexuell missbraucht wurden. So wie auch die Kirche tausende ihrer Priester deckte und sie beschützte, die im Namen Gottes und im Geheimen ihre Zöglinge sexuell missbrauchten oder sadistisch bestraften. Nach einer innerkirchlichen Untersuchung sind 4,4% der Gläubigen betroffen. Das sind mehrere Hunderttausend. Zusätzlich kommen die dazu, die bis in die obersten Hierarchien der Kirche über Jahrzehnte von dem Unrecht wussten und es vertuschten. Nie wurden die Täter exkommuniziert, dem Gericht übergeben. Im Gegenteil man versetzte sie an andere Orte, wo sie ungehindert ihren pädophilen Trieben weiter nachgehen und weiter missbrauchen konnten. Eugen Drewermann dagegen schrieb über die Institutionen der Kirche ein tolles, psychoanalytisches Buch „*Der Kleriker*". Er wurde dafür sofort exkommuniziert. Der Vatikan sprach an seinem Kongress von Fehlern, die ich Verbrechen an den Seelen nenne. Die Erziehungsdirektion, die Kirche und andere Systeme tragen und finanzieren die Strukturen und Projekte, in denen sexuelle Missbräuche und Sadistisches möglich werden. So decken die Kirchen bis heute die Meisten ihrer Täter, indem sie der Polizei keine richtigen Akten geben. Viele Verfahren wurden trotz des Wissens einfach eingestellt und den engagierten Polizisten Maulkörbe aufgesetzt. Die Kirchen reden vom Schutz des Lebens und lassen ihre Priester – ungesühnt, die Seelen von Kindern und

Jugendlichen verletzen. Die Kirchen sind mitschuldig – schuldig, weil sie diese hunderttausende Verbrechen trotz ihres Wissens, immer wieder zuließen und sie zulassen werden. Damit isolieren sie die Opfer in der Gesellschaft und der Familie, um sie mundtot zu machen. Sie sollen Schweigen. Das Thema ist zu schambesetzt. Niemand spricht gern darüber. Um das Ganze weiß zu waschen, hat der Papst im Vatikan gerade eine Sitzung gegen sexuellen Missbrauch einberufen. Als Auftakt der Show und für die Presse hat er einen Kardinal entlassen, um die Aufarbeitung einer langen Missbrauchsserie aufzuarbeiten. Wieso war es eine Show? Einer von Tausenden wurde entlassen und die Opferverbände wurden nicht zugelassen. Nur einige Wenige durften in einem Vorzimmer von sich „Zeugnis ablegen". Wie großzügig der Vatikan doch ist. Wurden danach aber Beschlüsse mit Konsequenzen gefasst? Nein. Noch immer werden die meisten Akten unter Verschluss gehalten und die Täter dafür nicht bestraft. Man verschleppt das Ganze, um die Fälle verjähren zu lassen, was auch meistens gelingt. Würde es die Kirche aber wirklich ernst meinen, müssten hunderttausende Priester sofort exkommuniziert, dem staatlichen Strafgericht übergeben werden. Das Ganze war eine Show. So auch im Fall Jürg Jegge, wo schmutzige Wäsche gewaschen wurde. Ein überforderter Polizist musste alleine die Ermittlung übernehmen. Medien, Zeitungen und Fernsehen stürzten sich auf die Sensation und ähnliche Taten. Nur Vereinzelte gingen dem Thema tiefer auf den Grund. Es wurden aber keine Bezüge zu verwandten Themen gesetzt. Viel hätte man daraus machen können, doch es blieb alles beim Alten. In Zürich gibt es bis heute keine richtige Anlaufstelle für männliche Missbrauchsopfer. Eine Aufarbeitung der Erziehungsdirektion kam 12 Monate später zum Schluss – nach dem es bereits Vergessen war, dass ein Fall Jegge heute nicht mehr vorkommen könne. Was ist das für eine Augentäuscherei. Missbrauch gab und wird es immer geben. Im Schweizer Parlament wartet eine mutige Petition von Frau Rickli Nathalie der SVP auf ihre Bearbeitung: Sexueller Missbrauch, Vergewaltigungen sollen nicht mehr verjähren. Ihre mutige Petition scheint verschleppt zu werden. Heute habe ich von ihrem Büro einen Brief bekommen:

Sehr geehrter Herr von Guggenberger

Vielen Dank für Ihre Nachricht an Frau Rickli. Die Rechtskommission des Nationalrats hat der Parl. Initiative von Frau Rickli keine Folge gegeben: Die Kommission hat der parlamentarischen Initiative Rickli 17.510 «Die Altersgrenze für die Unverjährbarkeit sexueller Straftaten auf 16 Jahre erhöhen» mit 13 zu 10 Stimmen bei 1 Enthaltung keine Folge gegeben. Im geltenden Recht sind sexuelle Straftaten unverjährbar, wenn sie an Kindern unter 12 Jahren begangen wurden.

https://www.parlament.ch/press-releases/Pages/mm-rk-n-2019-02-15.aspx

Die Parl. Initiative wird in den nächsten Monaten im Nationalrat behandelt...   *10.9.2019*

Jürg Jegges Verfahren wurde 2017 wegen Verjährung eingestellt, wie das vieler anderer vor ihm. Die katholische Kirche profitierte von der Verjährungsfrist und verschwieg über Jahrzehnte ihre Missbrauchsfälle.

Im Frühling 2017 hatten alle über Jürg Jegges Taten ihr Entsetzen bekundet, viele hatten davon profitiert und alle waren froh, es hinter sich zu haben. Es war sehr bitter, niemand wollte davon wissen. Der Schaden der Schweizer Institutionen musste in Grenzen gehalten und sie reingewaschen werden. So ist es noch heute ein Tabuthema, wodurch man die Opfer ins Abseits drängt und sie isoliert. Es war aber nicht ihre Schuld, auch wenn Rechtsanwälte es ihnen oft auch zum Vorwurf machen wollen, um damit ihre Mandaten – die Täter, frei zu kriegen. Vielen vergewaltigten Frauen machte man den Vorwurf, dass sie beteiligt waren oder es sogar wollten. Das sie zu lange schwiegen. Die Pfarrer drohten den von ihnen missbrauchten Kindern und Jugendlichen mit der Strafe Gottes, wenn sie nicht schwiegen. Damit zerstören sie in den Opfern ihr Urvertrauen in das Leben und in die Liebe. Gott, sein Gutes und die Liebe, wurden in ihren Seelen pervertiert und aufs Gröbste beschmutzt. Die Opfer wurden tief verletzt und mit der Schuld des Täters verdreckt, die sie im Schock, nichts ahnend übernahmen. Liebe und Urvertrauen wurden in ihnen gebrochen oder gar zerstört. Verwirrt werden sie später nicht verstehen, wieso sie der Normalität nicht entsprechen können. Stumm in ihren Verletzungen gefangen, verdrängen sie die Taten ca. 10- bis 20 Jahre. Nähe, Vertrauen und Intimität sind für sie nur sehr schwer zu ertragen. Beschämt, überdecken sie ihre inneren Verletzungen und Scham. Viele von ihnen verdecken die Kälte der Einsamkeit, ihre Ohnmacht und Orientierungslosigkeit oft mit Alkohol, Drogen und übermäßigem Erfolgsstreben. Trotzdem werden sie unbewusst von ihnen dominiert.

Jürg Jegge galt in der Schweiz als der neue Reform-pädagoge. Wie Ikarus wollte er zur Sonne fliegen und vergaß dabei das schmelzende Wachs an den Flügeln. Er prallte hart auf dem Asphalt der Wirklichkeit auf. *„Grüsel – Sauhund der Nation"* betitelte ihn die Zeitung Blick. Im Interview mit dem Schweizer Fernsehen konnte er sich auch 30 Jahre danach nicht vorstellen, dass er seinen Schülern geschadet habe. Markus Zangger konfrontierte ihn mit seinem Buch *„Die dunkle Seite Jegges".* Hinter seinen fast, unschuldig wirkenden, bedächtigen Blicken versteckt sich seine Gefühlskälte. Tief verdrängt¬ – hinter Selbstbildern seiner Anständigkeit, glühen noch immer seine sexuellen pädophilen Triebe und Wünsche – seine Freude an Macht und Manipulation. Sein Herz ist durch die Stahlschlösser und Erregungen seines pervertierten Sexuellen verschlossen. Er selbst verdrehte seine Liebeskraft ins Zerstörerische, das sich durch seine pervertierten Phantasien aufgebläht hatte. Sein Krankes, Perverses erschuf in ihm Suchtstrukturen, eine süchtige Anerkennungssuche und Bedürftigkeit: Von Morgen 7h bis Nachts um 2h arbeitete er. Jegge schien eine Koryphäe zu sein. Das war er aber nicht. Er war nichts Besonderes, nur ein Kleingewachsener – mit 68er Ideologien Blendender, der beschämt seine eigene Homosexualität nicht akzeptieren konnte. Darum wollte er seine Schüler therapieren und befreien – eine Projektion seiner eigenen Gefangenschaft. Er war ein Süchtiger, von Trieben und Phantasien angetrieben, die ihm keine Ruhe ließen und in ihm ständig Spannungen aufbauten und nach mehr forderten. Die Spannungen und den Stress brauchte er aber, um sich zu belohnen: Schüler sexuell zu missbrauchen. Sein ganzer Tagesablauf diente dazu. Hinter seiner

Menschlichkeit und Empathie versteckte sich seine verbotene, schambedeckte, sexuelle Gier. Alles Verbotene
kann auch spannend sein, besonders wenn es seine se-
xualisierten Begierden auflädt. Nein, an ihm war nichts
Besonderes. Unter dem Deckmantel seinen Schülern zu
helfen, alles für sie zu tun, klebte er ihnen ihre Mün-
der zu und knebelte ihre Kompetenzen – gegen ihn aus-
zusagen. Für seine Arbeit verlangte er von ihnen Sex.
Aus Schuld, Angst und Gier heraus arbeitete er zu viel
und machte sich damit unantastbar. Man konnte glücklich sein, einen Termin mit ihm zu bekommen. Tatsächlich aber verlor er den Kontakt zu seiner alltäglichen
Arbeit, die er aufs Gröbste vernachlässigte – nie gab er
Schule. Die Erziehungsdirektion bezahlte sein Projekt.
Die Schulpfleger, die ihn überwachten waren inkompe-
tent und faul – sehen sie dazu die Doku des Schweizer
Fernsehens von Karin Bauer und lesen sie die Artikel
der NZZ. Jürg Jegge ist der Sohn eines Pfarrers. Beschä-
mungen und Verletzungen der Seelen betreffen nicht nur
die Verletzten. Es betrifft ganze Generationen, weil die
Verletzungen, Gewalterfahrungen und systematischen
Kriegsvergewaltigungen, von Generation zu Generation
weitergegen werden.

Am Nachmittag verflüchtigt sich der Tag. Vier Monate ohne Sonne, die dunkle Zeit Berlins. Der Umsatz des
Bieres steigt deutlich an. In Norwegen installierten sie
UV-Lampen und senkten dadurch die jährliche Selbst-
mordrate um 30%. Ja wir brauchen Licht und Liebe. Wir
sind von ihnen abhängig. Ob das Wohl stimmt? Dieser
Frage ging ein König anfangs des Jahrhunderts nach. Er
ließ kleine Kinder in einen großen Raum sperren. Sie

wurden mit Nahrung versorgt, durften jedoch weder berührt werden, noch Zuneigung bekommen. Viele von ihnen erkrankten und starben nach kurzer Zeit.

Was passiert, wenn wir keine Liebe und Licht bekommen? Ich glaube, dass wir darauf mit Angst, Unruhe und inneren Spannungen reagieren, die uns in Beziehungen drängen sollen, um im Austausch verdeckt, Liebe und Licht zu bekommen. Wie beim Nahrungsmangel, der uns unruhig macht und uns mit Spannungen dazu drängt Nahrung zu suchen. Zur Liebe gehört aber auch unser Blick nach innen, um wahrzunehmen, was sich in uns ausdrücken will und uns bewegt. Umso nuancierter wir uns selbst wahrnehmen und Worte dafür finden, umso reicher und vielfältiger werden wir. So will sich die Liebe durch alle hindurch in den Gemeinschaften ausdrücken. Die Liebe dient uns mit ihrem Einheitsgeist, Licht und Bewusstsein, in denen wir uns selbst wahrnehmen und kommunizieren. So sollten auch wir ihr dienen, indem wir ihr vertrauen. Die Liebe bewegt uns mit dem Leben und nährt uns mit ihren Inspirationen und Erkenntnissen, die spontan in uns aufsteigen. Sie offenbaren uns Lösungen, die Probleme und Schuldfragen auflösen und unser Bewusstsein erweitern. Mit der Gnadenkraft der Erkenntnis werden in uns Kontexte verschoben, Verdrängtes integriert und Probleme aufgelöst, die uns lange beengten und auch lähmten. Inspirationen und Erkenntnisse steigen aber spontan aus der Seele auf, ohne dass wir sie kontrollieren können. Mit der Kraft unseres Geistes können wir alte Strukturen, Gewohnheiten und Süchte verändern und sie nach jahrelangen Versuchen aufgeben. Wieso geht es bei Süchtigen solange?

Weil wir dauernd machten und uns mit dem Willen und unseren Gedanken kontrollieren wollten. Wir konnten uns die Ohnmacht und Machtlosigkeit gegenüber der Sucht nicht eingestehen. Wir waren schwach und angreifbar. Darum versteckten wir uns hinter großen Geschichten, für die wir viel machten. Wir waren die Geselligen, luden ein, um mit Jemandem trinken zu können. Wir lebten in schillernden Masken, hinter denen sich unsere tiefe Ohnmacht und Machtlosigkeit verbarg. Dahinter tief verdrängte Verletzungen, die uns zu verschlingen drohten. Mit Hilfe unserer Zwänge und Süchte schützten wir uns vor ihnen, um sie nicht mehr fühlen zu müssen. Wir verbargen eine innere Leere. Vom Alkoholkater gelähmt und angetrieben, jagten Blitze durch unsere Nerven, die unsere Sensibilität verbrannten und uns verrohten. Spannungen und Verletzungen verschlossen unsere Herzen – die Persönlichkeit, die sich in unserer Seele einkokonierten. Nur wenig Seelenlicht konnte fließen, so dass unsere Persönlichkeit etwas abkühlte. Auch im Sommer frierend, tranken wir Alkohol, der uns wärmte und entspannte. Laut lachend, glaubten wir an unsere klaren Zerrbilder, debattierten und erhoben uns über andere. Wir zelebrierten uns. In der Nacht stolperten wir zum Klo, kotzten. Der Kopf pochte. Wir suchten die Flasche. Unsere Ehefrauen mussten jahrzehntelang unseren abgestandenen Alkohol- und stinkenden Zigarettengeruch ertragen. Von den Schuldgefühlen entfremdet und bedroht, wurden wir immer sprachloser und wütender. Unsere Nerven waren vom Alkohol angegriffen und verbrannt. Wir wurden impulsiv, vertrugen keine Frustrationen und schlugen zu. Sprachlos, unseren inneren Spannungen und Impulsen ausgeliefert, verletzten wir. Die

Familien wurden durch unsere Sucht beherrscht. Wenn wir in die Wohnung kamen, konnten Frau und Kinder am Geruch abschätzen, wieviel wir getrunken hatten und sich darauf einstellen. So wurden sie ebenfalls von der Sucht dominiert, die ihr Fühlen, Denken und ihre Handeln vereinnahmte. So begann die Sucht auch sie zu entfremden. Erwachsen geworden, von neurotischen, süchtigen Gefühlen und Verhalten vorgeprägt, werden sie später ihre Kinder erziehen, die vielleicht eines Tages selbst den Drogen verfallen. Durch Alkohol, Drogen, extreme Tätigkeiten und Sex, wollten wir uns aufwärmen. Unterkühlt suchten wir in Beziehungen nach Wärme und machten uns von der Partnerinnen abhängig. Wir schämten uns dafür, projizierten unseren Frust auf sie, die sich abgelehnt fühlten und uns ebenfalls ablehnten. Kinder wurden geboren, um Beziehungen zu retten. Doch was suchten wir tatsächlich? Unbewusst wollten wir in der Liebe und im Licht unserer Seele wieder Heimat finden. Auch Heute suchen wir das innere Fließen, Herzenswärme, den Eros und Inspirationen, die wir teilen können. Liebe will durch uns berühren, geteilt werden und sich vervielfältigen. Sie fließt zwischen uns hin und her. Wir fühlen uns in ihrem Lebensfluss lebendig, von innen und außen inspiriert. Sie lässt die Zeit zerfließen. Alles ist voller Fülle und Schönheit.

In der Natur wirkt die Liebe durch ihre Klänge, Düfte und Gerüche, in denen sie ihr Licht aufteilt, sich verwandelt, berührt, um sich in den Gemeinschaften – vielfältiger geworden, mit sich selbst zu verschmelzen. Die Liebe zeigt sich in der Schönheit ihrer Blumen, Tiere, deren Wesen sie mit ihrem Licht erfüllt. Im Inneren des Lebens will die Liebe ihre Geschöpfe mit Klängen und Farben berühren, um sie zusammenführen. Mit ihren Düften berührt sie die Bienen und Insekten, um sie zu den Blumen zu führen und ihre Samen zu verteilen. Durch die vom Wasser befeuchteten Samen werden neue Blumen und Vielfalt entstehen. Pflanzen, Tiere und wir Menschen sind von Nahrungsketten, dem Wasser, von Licht, Liebe und vom Leben abhängig. Wir werden zum Teilen gedrängt, weil es in uns angelegt ist. So teilen wir unsere Ideen, Fähigkeiten und das Leben, indem wir Kinder kriegen, Kulturen, Dienstleistungen und Bauwerke erschaffen. So sind wir alle vom Leben und der Liebe abhängig, die sich durch uns in den Gemeinschaften Form und Ausdruck geben wollen. Wieso aber will sich die Liebe ausdrücken, wirken, berühren, um sich mit sich selbst zu verschmelzen? Ich glaube, dass Nichts aus sich selbst heraus entsteht. Alles wird im Wechselspiel der inneren und äußeren Kräfte entstehen, die in den Seelen und Körpern aufeinander reagieren, um Vielfalt zu erschaffen. So teilte sich die Einheitsliebe einst in die Vielfalt auf und durchdringt uns Seelen mit ihrem Einheitsgeist, Bewusstsein und Einheitslicht, in denen wir uns selbst wahrnehmen und kommunizieren. Sie individualisierte sich in uns Menschen, um dadurch allen zu dienen. Das Lichtmeer der Liebe ist das Innerste von Allem. Es erleuchtet uns von innen. Wir Seelen sind Tröpfchen im Lichtmeer der Liebe. Die Liebe dient uns, gibt sich uns bedingungslos hin. Durch ihr Licht fühlen wir uns lebendig, glücklich fließend. Wir werden von einer sinnlichen Wärme mit Inspirationen genährt. Darum ist Alles mit Allem verbunden und abhängig. Es ist eine liebende, dienende Abhängigkeit von der Einheit, die uns alle mit Liebe, dem Licht und unserem Leben nährt. Von den Erfahrungen der Liebes- und Schöpferkraft bewegt, durchdringt die Evolution die Natur mit ihren Pflanzen, Tieren und uns Menschen, um uns immer wieder neu zu erschaffen. Kleine Systeme, mit ihren Teilen und Strukturen, reagieren auf die Größeren, sie Umgebenden, die mit ihren Kräften und Substanzen auf sie einwirken. Indem die Systeme ihre Körper und Räume öffnen und schließen, kann Austausch entstehen. Darum müssen die Räume auch durchlässig sein. Gemeinsam verbunden, sind sie ein Raum, indem sie sich öffnen und schließen können. Was ist aber das sie Durchdringende und sie Umgebende, wo es kein Äußeres mehr gibt? Es ist die Ewigkeit der Liebe. Räume und Ewigkeit wären so von gleicher Substanz: Einheitsgeist, Bewusstsein und Licht der Liebe, die sich in den Seelen individualisierten. Durch uns Seelen wollte die Liebe ihren Erfahrungen Ausdruck und Wirkung geben, indem sie sich als Vielfalt in unseren seelisch-geistigen Anlagen erlebt. Darum sollten wir ihr auch dienen, die uns dient. Mit Hilfe des Dienens sollten alle gleichwertig sein und gleichberechtigt miteinander umgehen. Alle sollten sich fördern, einander zum Besten dienen und gemeinsam teilen. Mit dem Gewöhnungsprinzip, der Erkenntnis- und der Gnadenkraft der Liebe sollten zu starke Spannungen, Ungleichgewichte und soziale Konflikte ausgeglichen werden. Das Dienen sollte zum Ziel und Ideal aller Menschen werden. Die Kulturen und Nationen sollten sich dienen, voneinander lernen und sich so unterstützen. Das gilt besonders auch für die Religionen, die sich im Spiegel der Vielfalt als gleichwertig anerkennen sollen, um sich ebenfalls zu dienen. Das fällt ihnen aber schwer, weil ihre Mitglieder vom Selbstbehauptungs- und Überlebensdrang angetrieben werden. Darum grenzen sie sich auch voneinander ab. Manche ihrer Strömungen manipulieren aneinander und unterdrücken, wodurch blutige Religionskonflikte und Kriege entstehen. Wenn sie sich aber gegenseitig dienen und voneinander lernen würden, würden viele kulturelle und religiöse Gewaltpotentiale aufgelöst werden. Wie aber sollte das funktionieren?

Es geht um den Ausgleich. Der Ausgleich sollte durch die Liebe und die Urprinzipien Verteilung und Diffusion geschehen. Wie? Alle sollten möglichst viel Raum, Licht und Liebe erhalten, ohne dabei die Bedürfnisse der Anderen einzuschränken. Die Einheitsliebe, mit ihrem sich in allem selbst erschaffenden Geist und ihrer Schöpferkraft, sollte mit Hilfe der Prinzipien Verteilung, Diffusion und Gewöhnung die Spannungen, und sozialen Konflikte ausgleichen. Man kann es mit einem Glas Wasser und Salz zeigen. Wenn man im Wasser Salz auflöst, werden sich die Salzteilchen darin so verteilen, dass jedes möglichst viel Raum bekommt. Das Gesetz der Verteilung und Diffusion wird allen so viel Raum, Licht und Energien wie möglich geben. Wenn dies aber nicht geschieht, werden in den Geschöpfen und Gemeinschaften Ungleichgewichte, Stauungen, Spannungen, Angst und Stress entstehen, die ihre Immunsysteme über lange Zeit schwächen. Leider werden viele misstrauisch, gierig und futterneidisch, um immer mehr Platz, Güter und Ressourcen kämpfen und sich abgrenzen. Die Urprinzipien Verteilung und Diffusion sollten jedoch zum Wohle Aller genutzt werden. Alle sollten das Recht auf

Grundversorgung, Wohnraum, Nahrung und Medizin, sowie auf Bildung und Geld haben. Produkte und Güter sollten gerecht verteilt werden. Spekulationen, Schuldzinsen, Waffenfabriken und Drogenlabors sollten dagegen verboten werden. Die Menschen sollten ihre Schöpferkraft, Kreativität und ihre Fähigkeiten zum Besten aller nutzen. Die Schwachen sollten vor den Starken geschützt werden. Paradoxerweise werden sich viele eigensinnig dagegen wehren, um anderen und sich selbst zu schaden. Um diese Ziele und Haltungen doch noch zu erreichen, werden Achtsamkeit und Mitgefühl nötig sein, die den Urprinzipen Dienen, Teilen und der Liebe unterstellt sind. Da wir Menschen uns unseren Seelen und liebenden, schöpferischen Kräften aber kaum mehr bewusst sind, orientieren wir uns an unserem ICH und Körper. Umso eigenständiger wir damals als Kinder wurden, desto mehr entwickelten wir ein ICH, mit dem wir uns voneinander abgrenzten, schützten und uns selbst behaupteten. Tatsächlich sollten wir uns aber dienen und uns nicht misstrauisch bekämpfen. Dafür bekamen wir unsere seelisch-geistigen Anlagen von Achtsamkeit und Mitgefühl, die immer wichtiger werden. Mit unserer Achtsamkeit wurden wir einst wacher und achten so mehr auf das Befinden der Mitmenschen. Um uns gegenseitig zu dienen, müssen wir uns aber mitfühlend aufeinander einschwingen, da es in der Liebe um unser aller Glück geht. Darum sollten wir uns allen zum höchsten Wohle dienen, uns gegenseitig unterstützen, gemeinsam lernen, Erfahrungen austauschen, um Vielfalt zu erschaffen. Mitfühlend, achtsam sollten wir uns aufeinander einschwingen und aufeinander achten, um vernünftig miteinander umzugehen. Dadurch sollten alle

Anerkennung, Respekt und Liebe bekommen. Doch was haben wir davon?

Wenn wir Anderen achtsame und liebende Anerkennung schenken, werden sie sich uns zuwenden und sich mit uns wohlfühlen. Durch ihre Augen und ihr Wesen erhalten wir Aufmerksamkeit und Licht, die wechselwirkend die Zufriedenheit unserer Gemeinschaften stärken. Indem wir unsere Inspirationen, Erkenntnisse und den Ausdruck unseres Wesens mit anderen teilen, fühlen wir uns glücklich. Dadurch werden zugleich auch die uns verbindenden Liebes- und Lichtkreisläufe angeschoben. Was aber passiert dann? Das Licht transportiert mit den Klängen unserer Sprache, dem Ausdruck unserer Augen und der Mimik, Gefühle, Ideen und Erfahrungen. Mit dem Teilen unseres Inneren werden wir das ausdrücken, was sich durch uns ausdrücken will. Weil unsere Inspirationen aber aus unserer seelischen Liebessubstanz aufsteigen, erfahren wir Glück. Von ihnen bewegt, haben wir den Drang sie mit anderen zu teilen, wodurch auch die uns nährenden Licht- und Liebeskreisläufe angeschoben werden. Wieso aber ist das wichtig? Unser Körper gehört uns. Darum betrachten wir unbewusst auch unsere Familie, das Haus und alles was uns gehört als Eigentum. Von Hunger, Wünschen und Sehnsüchten angetrieben, wollen wir immer mehr haben. Zugleich lehrte man uns auch, dass Konkurrenz die Wirtschaft belebt, wodurch Mitmenschen zu möglichen Widersachern wurden, die uns etwas wegnehmen könnten. So eine Einstellung war aber nie gewollt. Sie entwickelte sich mit dem Futterneid der Tiere, den wir Menschen einst übernahmen. Statt ihn aber durch Selbstreflexion und Impulskontrolle zu überwinden, blieben viele gierig. Dafür wurden wir nicht erschaffen. Im Gegenteil, wir Menschen sind altruistische Gemeinschaftswesen, die auf der Erde Toleranz, Vielfalt und Schönheit erschaffen sollten. Stattdessen wollen wir immer mehr haben und begegnen uns mit Misstrauen. Wir sollen aber lernen unser Schöpferisches, Liebendes miteinander zu teilen, um unsere Liebes- und Lichtkreisläufe anzuschieben. Dadurch werden wir auch Anerkennung, Liebe und Inspirationen empfangen, die uns aufbauen und weiterbringen. Wieso? Bei Licht-, Liebesmangel und fehlender Aufmerksamkeit werden in uns Spannungen, Ängste und Unruhe entstehen. Darum brauchen wir seelische, emotionale und körperliche Nähe, Berührungen und viele Umarmungen, die uns so Sicherheit, Wärme und Licht geben, um unsere inneren Batterien aufzuladen. Wieso aber ist das nötig? Weil sich unsere Persönlichkeit in der Seele durch Angst, Schmerz und Wut, wie eine Raupe einkokonierte und dabei auch etwas abkühlte. Weil wenig Seelenlicht in sie hineinfließt, leiden wir unbewusst unter einem Licht- und Liebesmangel. Darum brauchen wir emotionale Nähe. Berührungen tun gut, weil sie uns beruhigen und Sicherheit geben. Abgekühlte, überspannte Menschen, deren geistige Herzen geschlossen sind, verrohen. Unruhig, voller Spannungen, werden sie oft Stress und Konflikte erzeugen, um sich lebendig zu fühlen. Ihre Mitmenschen werden sich vor ihnen in Acht nehmen. Von ihrem Inneren aber entfremdet, können sie sich sprachlich nicht mehr richtig ausdrücken. Für das was sie antreibt, finden sie keine Worte mehr. Impulsiv neigen sie zur Gewalt und verrohren dabei. Mit Alkohol, pornographischem Sex, zu viel Essen, Sport und Drogen versuchen sie sich aufzuwärmen, um Stabilität und Ruhe zu finden. Ständig auf kurzfristiges Vergnügen ausgerichtet, wird es ihnen aber nicht gelingen. Stattdessen sollten sie sich wieder nach innen, zu ihrem Seelenlicht hin ausrichten, um in sich selbst Wärme, Wurzeln und Heimat zu finden. Mit sich selbst wieder in Kontakt gekommen, würden sie im Inneren Geborgenheit und Vertrauen finden und ihren Gefühlen und Gedanken trauen können. Sie würden sich dadurch entspannen, gelassener werden und ihre Freunde würden zu ihnen zurückkehren. Darum sollten wir uns auch ausdrücken, teilen, um damit unsere gemeinsamen Erfahrungs-, Liebes- und Lichtflüsse zu bewegen. Wir sollten das ausdrücken, was sich durch uns hindurch ausdrücken will. Tun wir das aber nicht, werden sich unsere zurückgehaltenen Gefühle, Vorstellungen und Gedanken, in uns stauen und sich in Selbstzweifel, Angst und Beschämung verwandeln. Wie abgestandenes Seewasser werden sie ungenießbar. Auch gehortetes Geld, nicht gelebte Sexualität und nicht benutzte Fähigkeiten werden uns Angst machen. Zurückgehaltene Innovationskräfte werden zugleich die Entwicklungen unserer Gesellschaft verlangsamen. Darum müssen unsere Licht- und Liebesflüsse auch ständig fließen, geteilt und ausgetauscht werden. So dreht sich alles unbewusst um die Licht- und Liebeskreisläufe.

Und das Licht der Sonne fragen sie sich? Gerade in der Sonne wirkt die Liebe mit unermesslichen Schöpfer- und Metamorphosekräften in den Entwicklungs- und Schaffenskräften ihrer Geschöpfe und Gemeinschaften. So schreitet das Leben, sich in Metamorphosen immer wieder verwandelnd, von Körper zu Körper, um in ihnen Qualitäten und Zustände zu erschaffen. Leben und Liebe wirken in der Natur und den Geschöpfen, in denen sie sich ständig formen lassen und auf sich selbst reagieren. Das Leben ist in der Natur die Bildhauerin, die ihre Geschöpfe formt und die Antwort auf sich selbst ist. Alles spielt sich zwischen Allem ab. Das Leben hat sich in seine Vielfalt der Mineralien, Pflanzen, Tiere und Menschen aufgeteilt. Was aber geschieht mit dem Sonnenlicht? Die Sonne ist das Zentrum, um das die Planeten mit unserer Erde kreisen. Die schweren Elemente des Sonnenplasmas sammelten sich einst in Spiralnebeln, fusionierten, explodierten und strahlten im Raum als Gaskugeln. Durch die Abkühlung und Versteinerung ihrer Oberflächen verwandelten sie sich in Planeten und die Erde. Heute strahlt das Sonnenlicht auf unserer Erde herab, um mit ihm die Pflanzen, Tiere und Menschen mit ihren Lebensenergien zu nähren. Es bewegt und entwickelt sie. Das Sonnenlicht erhellt und erwärmt die Erde mit ihren Meeren. Verdampftes Meerwasser steigt empor, kühlt ab und bildet Wolken, wodurch auch die Winde entstehen, die die Samen über die Welt verteilen. Regen fällt hinab, der die Samen benetzt, die dann empor Richtung Sonne wachsen. So öffnen die Pflanzen ihre Blätter, nehmen Sonnenlicht auf, um es in ihrem Blattgrün (Chlorophyll) in Zucker zu verwandeln. Die Tiere fressen die Pflanzen und verwandeln ihre Zucker in Fette und Glycerine. Dadurch wird das Sonnenlicht ständig verwandelt. Der Mensch verzehrt später die Pflanzen und Tiere, um das Sonnenlicht – das in ihren Fetten und Glukosen gespeichert ist, einzubauen. In dem er die Nahrung verdaut, werden in seinem Körper Wärme und Sonnenlicht freigesetzt, die ihn von innen her bewegen.

So wird das befreite Licht durch Atmung und Schweiß wieder in die Atmosphäre gelangen. Darum sind Pflanzen, Tiere und wir Menschen auch verdichtete und verwandelte Formen des Sonnenlichtes.

Auf der Erde gab es auch große Umweltkatastrophen, die die meisten Arten vernichteten. Zerstörte Pflanzen, Bäume und Geschöpfe wurden vom Erdreich aufgenommen, zersetzt und danach im Humus, Ton und in der Kohle gepresst und eingekapselt. So baute der Mensch später Kohle ab, um mit ihr Wärme und Energie zu erzeugen. Dadurch wurde das in der Kohle gespeicherte Sonnenlicht wieder frei, das dann die Räume beheizte. Zugleich wurden in Schwerindustrien – beim Verbrennen der Kohle, auch gewaltige Triebkräfte freigesetzt, die die Maschinen antrieben. So entstanden um die Kohleabbaugebiete herum Städte mit Fabriken, die den menschlichen Hunger nach Wärme, Nahrung und Geld stillten. In den Kohleminen verdienten die Menschen ihr Geld, um Salat, Gemüse und Fleisch zu kaufen – eingebautes Sonnenlicht. In den kalten Nächten wärmten sie sich am Feuer der Öfen. So steht die Kohle für Energie, Wärme und Geld. Wieso für Geld? Metall wird im Feuer – Sonnenlicht, geschmolzen, aus dem Geld gegossen wird. Metalle entstanden ursprünglich aus schweren Elementen der Sonne und Sterne. So lebten viele Generationen von der Kohle. Heute jedoch soll der Kohleabbau eingestellt werden. Viele Menschen werden protestieren, weil sie Angst haben ihre Arbeit zu verlieren. Damit beschrieb ich umgewandelte Formen des Sonnenlichtes, nach dem wir uns alle ausrichten und zudem alles hinwächst. Unsere Erde, der Mond und auch die Planeten kreisen um die Sonne. Unsere Erde dreht sich gelassen, uns bedingungslos ernährend. Egal, welche Bedeutung wir Menschen uns selbst geben und wofür wir auch kämpfen – für das Leben und die Liebe ist es bedeutungslos. Der Kosmos lebt mit den Sonnen und Sternen, die uns mit Licht, Leben und Elementen nähren.

Einst im Einheitslicht der Liebe geboren, reisten wir als Seelen durch die Licht-, Farb- und Klangsphären des Lichtmeeres in die ADAMEBENE hinein, wo wir die Konzepte des Universums und die Himmel erschufen. Danach drangen wir ins Universum ein, um von den Müttern der Erde immer wieder aufs Neue geboren zu werden. Unter den Gesetzen der Menschen, Kulturen und Religionen leben wir nun, die nie die Ursprünglichen waren. Zur Sonne hin richten wir uns aus, die uns bewegt und aus der unser Licht und die Elemente einst kamen. Dadurch sind wir zugleich auch Metamorphosen der Sonne, die uns bewegt und die wir uns in ihrem Lichte bewegen und wirken.

So werden wir immer vom Licht, Leben und der Liebe abhängig sein, die uns erschaffen, bewegen und leben.

Liebe ist Leben, das uns durch die Sonne und die Natur mit Harmonie, Schönheit und Nahrung nährt und unsere Herzen schlagen lässt.

Die Liebe berührt uns mit dem Leben und drängt uns zu teilen, Kinder zu zeugen und gemeinsam unsere Fähigkeiten und Ideen zu teilen, um Vielfalt zu erschaffen.

So verschmelzen sich Leben und Liebe durch uns hindurch – vielfältiger als vorher, mit sich selbst, um sich in immer neuen Formen Ausdruck zu geben.

Draußen ist es kalt und der Wind treibt uns in den Straßenschluchten. Ich habe genug vom Winter. Silbergrau hüllt er klirrend, eisig alles ein. Wie schön wäre es am Meer im Sonnenschein zu laufen, belebenden Sauerstoff mit Salz in die Lungen zu atmen. Am gelbgrauem Strand spazieren zu gehen, über den sich karge Klippen erheben. In ihren grau-bröckelnden Gesteinsschichten spiegeln sich jahrtausendalte Erderfahrungen, die einst vom Meer verschlungen und vom Eis bedeckt waren. Auch in den Bildern unserer Erinnerungsebenen zeigen sich durchlebte Zeitalter unserer Seele. Auf dem langen Weg durch die Schöpfungsebenen ins Universum hinein, hatte sie viele Erfahrungen gesammelt, die sich nach Zeitabschnitten in unseren Erinnerungsebenen ordneten. In unseren unterschiedlich verdichteten und übereinanderliegenden Ebenen der Erinnerungen spiegeln sich verdeckt die einst durchlaufenen Farb-, Klangsphären und die ADAMEBENE. Später auf der Erde erlebten wir uns als Seele in verschiedenen Leben und Körpern, die wir ebenfalls in unseren Erinnerungsebenen gespeichert hatten. Unsere ehemaligen Körper mit unseren Erfahrungen wurden in der Seele zu inneren Gestalten unseres Höheren Selbst, die sich mit jeder neuen Existenz weiter entwickelten. Die Gestalten unseres Höheren Selbst wurden zu unseren inneren Lehrern, die verdeckt unsere junge, unerfahrene Persönlichkeit führen. Unsere inneren Lehrer sind von den materiellen, evolutionären Prägungen, Motivationen und Bedürfnissen befreit. Von Hunger, Fortpflanzung, Trieben und Schlaf befreit, werden sie direkt vom Schöpfungslicht der Seele genährt. Über unseren Geistebenen und dem Höheren Selbst hatte sich auch unsere innere Evolutionsebene gebildet. Die Evolutionsebene bündelt die Lichtschwingungen der Inspirationen, die von der Seele aufgestiegen sind. Sie verdichtet und prägt sie mit artübergreifenden sozialen Gruppen-, Hierarchieverhalten und erregt sie mit Überlebenstrieben und Motivationen. Zugleich wirkt sie in unserem Körper durch die Gene auf die Hormone. So vorbereitet, steigen unsere spannungsgeladenen, verdichteten Inspirationen empor in die Persönlichkeit. Unsere Persönlichkeit überdeckt die Evolutionsebene, die ihrerseits das Höhere Selbst und unsere tiefer gelegenen Geistebenen der Seele verdeckt. In den tiefsten Schichten der Persönlichkeit sind die kollektiven Erinnerungen der Kulturen und Religionen gespeichert, die wir mit unseren Kindheits- und Jugenderfahrungen überdecken. In den von der Seele aufgestiegenen Inspirationen ist viel Licht eingekapselt. Sie provozieren in uns ähnliche Erinnerungen, mit denen wir unsere Inspirationen bewerten und über sie nachdenken. Gleichzeitig wird auch das Seelenlicht der Inspirationen befreit, das unsere Gedanken, Gefühle und Erinnerungen erleuchtet. Weiter verdichtet und aufgeladen, bewegen die Gedanken unsere Gehirn- und Körperfunktionen, die unser Ideen durch Handlungen umsetzen.

In meinen Gedanken versunken, sehe ich wie die steinernen Klippen über mir emporragen. Stoisch und schweigend, den Winden und dem grau-blauen Meer trotzend, bewahren sie die Geheimnisse ihres Erlebten.

Ich sehne mich nach dem Tosen und der Gischt der Wellen. Plötzlich hupt es laut. Aus meinen Gedanken gerissen, blicke ich in die zornigen Augen eines Fahrers. Ich habe das Rotlicht übersehen und entschuldige mich winkend. Etwas erregt, steige ich die Treppen empor zum Park. Vor mir liegt die Wiese und in der Weite die Häuser, auf die sich der Himmel abstützte und mich keck durch seine Vögel anblickte. Wieder staune ich über die Schönheit der Farben, wie sie sich immer neu vermischen und in den Körpern spiegeln. Mit welcher Fülle und Nuanciertheit die Liebe sich in den Beziehungen und Interaktionen ausdrückt. Jedem Baum, jeder Blume, den Wiesen, Landschaften und uns Menschen gibt sie etwas Eigenes. Obwohl die Grundanlagen der Arten, Familien, Gruppen und ihrer Geschöpfe ähnlich sind, wirkt sie in jedem Wesen ganz individuell. So bestehen die Körper aus ihren geistigen Ebenen der Formen und Bildern, die auf ihre physikalischen Ebenen wirken. In unterschiedlich verdichteten, geistigen und physikalischen Ebenen, Räumen und Feldern unseres Körpers wird das Licht gebündelt und reflektiert, wodurch Farbqualitäten und Zustände entstehen. Diese geistig-physikalischen Formen der Körper bestehen aus Erinnerungen, Bildern und ihren wirkenden Erfahrungsprozessen, die die Geschöpfe und uns Menschen bewegen. Von der Schöpferkraft der Liebe bewegt, reagieren die Erfahrungen unserer Körper auf die äußeren Einwirkungen der Umwelt. Das Seelenlicht unseres Wesens reagiert und vermischt sich mit den sich in uns reflektierenden Sonnenstrahlen, wodurch in unserer Aura neue, unterschiedlich verdichtete Farbmischungen, Zustände und Qualitäten entstehen. Mit kleinen Fehlern und Abweichungen gibt die Liebe dem

Leben sein Lebendiges, Farbiges und Individuelles. Die Schöpferkraft der Liebe erschafft mit Fehlern und Spontanem ihr Lebendigkeit und Vielfalt. Fehler zwingen uns über uns selbst nachzudenken, um in unserem Inneren Fähigkeiten und Vielfalt zu entdecken, die sich in der Gemeinschaft ausdrücken wollen und uns zum schöpferischen Tun bewegen.

Mittags holte ich vom Drucker meine neuen Bücher ab.
„Und was machst du nun, wo du *„die Evolution der Seele"* beendet hast?"
„Ich arbeite schon an einem neuen Buch."
Norbert blickte mich erstaunt und neugierig an.
„An einem Neuen?"
„Ja, ich schreibe ein Buch über die Liebe, die ich in der *„Evolution der Seele"* etwas vernachlässigte."
Er überlegte, während er aus dem Fenster blickte. Über den alten Fabrikdächern flogen Raben.
„Was kann man über die Liebe schreiben, die man nicht fassen kann?"
„Zum Glück weiß ich nie genau, was ich schreiben werde."
„Versteh ich nicht?"
„Hätte ich mir davor Gedanken gemacht, wo sie sich überall zeigt, ich hätte wohl nicht angefangen. So ging es mir auch damals bei der *„Evolution der Seele"*. Ich hätte sie wohl nie geschrieben, wenn mir der Aufwand im Vorfeld klar gewesen wäre. Naivität ist nötig." Wir lachten.

So ist es tatsächlich. Umso tiefer ich nun in das Thema der Liebe eindringe, umso mulmiger wird es mir.

Doch ich fühle mich auch weicher. Oft weiß ich nicht, was ich genau schreiben werde. Ich lasse mich von der Liebe durch diese Schreibtage führen und flechte ein, was mir *per Zufall* geschieht. Ich lasse mich vom Prozess des Schreibens führen, der den Radar meiner Wahrnehmung steuert und mein selektives Bewusstsein ausrichtet. So lasse ich mich von meinem Inneren durch den Alltag führen, das sich nach der Liebe ausgerichtet hat. Wir werden von der Liebe und dem Leben, mit jedem Herzschlag gelebt, bewegt und inspiriert. Sie wirken in uns, lassen sich von uns formen, um sich verwandelt und vielfältiger geworden, mit sich selbst zu verschmelzen. Ohne Leben existiert nichts. Ohne Wahrnehmung gäbe es für uns auch kein Leben. Liebe, Leben, Wahrnehmung, Schönheit und Glück bilden gemeinsam eine Einheit und Metamorphosen. Die Liebe schenkt sich uns mit Schönheit, dem Leben und der Natur, durch die sich manifestiert und uns nährt. Sie nährt uns bedingungslos. Egal was wir machen, sie liebt uns mit jedem Herzschlag – sogar Mörder und Vergewaltiger. Auch in der tiefsten Dunkelheit, steht eine Lösung direkt neben uns. Um zu der Liebe und unserem Seelenlicht zurückzufinden, sollen wir uns nach innen, zu ihnen hin ausrichten, um ihnen unsere geistigen Herzen zu öffnen. Die Liebe ist auch die Lebenskraft im Vertrauen und der Hingabe, in deren Flüsse wir uns treiben lassen können. Sie geben uns aber nicht immer das, was wir uns wünschen, doch oft das, was wir brauchen. So ist die Liebe gnadenvoll. Sie kann uns heilen. Sie ist die Schönheit und das Licht unseres Wesens, die uns Ausstrahlung und Wirkung geben. Die Schönheit kriegt durch unsere Falten, Fehler und Unzulänglichkeiten ihr Lebendiges, Spontanes und

Persönliches, das uns schmunzeln lässt und unser Herz berührt. Von der Liebe und Schönheit bewegt, bemerken wir plötzlich, dass wir uns ineinander verliebt haben. Wir lachen uns erstaunt an. Die Liebe wirkt in unseren Herzen, die sie mit ihrem Licht erstrahlen lässt. Von ihr gedrängt, wollen wir uns berühren, die sich durch uns mit sich selbst verschmelzen will.

Das ich mich heute wieder lebendig fühle, hat mit dem Fließen meiner Gefühle, Energien, Inspirationen und meinem Seelenlicht zu tun. Sie fragen sich nun sicher, ob es die Seele überhaupt gibt, die die Meisten nicht wahrnehmen können? Für mich gibt es die Seele. Mit dem Licht der Liebe, dem Geist und Bewusstsein, ist sie mein Innerstes, mich Nährendes und Bewegendes. Wenn ich mich auf die Seele in meinem Herzen konzentriere, strömt ihr Licht weich und warm in mein Aurafeld hinein, das mich umhüllt. Die Aura ist mein geistiges Wahrnehmungsfeld, mit dem ich die äußeren, in mich hineinfließenden Energie- und Gefühlsströme, wahrnehmen kann. Das kann aber auch sehr unangenehm sein, besonders wenn Leute in Diskussionen Frust und Wut abladen. So ist es auch im Café, wenn ich mit einer Person zusammensitze, die sehr nett ist. Ich fühle ihre Spannungen, die in mein geistiges Energiefeld hineinfließen. Oft ist die Person sich der Wirkung ihrer Spannungen aber gar nicht recht bewusst. So ist es an mir, zu lernen, mit ihnen umzugehen. Darum helfe ich ihr, sich zu entspannen, um es für uns Beide erträglicher zu machen. Wieso beschreibe ich das so genau? Es geht um die Frage, ob es die Seelen gibt, die sich einst im Einheitsgeist-, Bewusstsein und Einheitslicht individualisierten. So ist das Urlicht der Liebe in unserer Seele zugleich auch das Licht unseres Wesens, das von innen her unsere geistigen Wahrnehmungsfelder erleuchtet. Dadurch werden auch unsere Erinnerungen, Vorstellungen und Gedanken erleuchtet, die sich in unserem Geiste spiegeln, so dass wir sie wahrnehmen können. Umso dichter unsere Wahrnehmungsfelder aber sind, desto stärker müssen die von außen kommenden Reize und Eindrücke sein. Bevor wir sie wahrnehmen, erregen sie zuerst unsere geistigen Wahrnehmungsfelder, die als Reaktion unsere Sinnesrezeptoren aktivieren: Kälte-, Vibrations-, Druck-, Wärme- und Geschmacksrezeptoren. Mit unseren Sinnesorganen empfinden wir zugleich Klänge, Gerüche und sehen Mitmenschen und Situationen. Im Gehirn werden unsere Eindrücke und Erinnerungen biochemisch und neuronal umgewandelt und umgesetzt. Dadurch können wir die von außen kommenden Eindrücke mit unseren Erinnerungen vergleichen, sie einordnen und bewerten. Zugleich werden sie assoziativ mit unseren tiefer gelegenen Überlebens-, Lust/Unlustmotivationen und unseren Gefühlen verbunden, mit denen sie erregt oder gedämpft werden. Unsere übereinanderliegenden, Erinnerungen sind im Inneren unserer Eindrücke verpackt. Gemeinsam machen sie unsere räumliche Wahrnehmung aus, über die wir nachdenken. Mit diesem Wissen können wir nun lernen, unsere Wahrnehmung zu differenzieren, um die Vielfalt der Liebe und des Leben wahrzunehmen.

Da die Meisten das Urlicht der Liebe in ihrer Seele gar nicht wahrnehmen können, muss ich mich fragen, was ich wahrnehme? In meinem Inneren und um den Körper herum nehme ich als Geist und Seele, meine unterschiedlich verdichteten, sich bewegenden Gedanken-, Erinnerungs- und Gefühlsfelder wahr. Ich nehme sie als bewegliche, unterschiedlich verdichtete Felder wahr, auf die mein Körper mit Empfindungen reagiert. Umso mehr ich mich mit meiner Seele beschäftigte, desto mehr erleuchtete auch mein inneres Licht, das die Verdichtungen meiner Wahrnehmungsfelder öffnete. Sie wurden weicher und durchlässiger. Ihre zu starken Spannungen lösten sich nach und nach auf. Umso durchlässiger meine seelisch-geistigen Wahrnehmungsfelder wurden, desto mehr konnten sie empfangen. Durch das Licht meiner Seele wurden auch meine geistig-psychischen und physischen Energiekanäle gereinigt – die Meridiane und Chakren, wodurch ich mich im Körper und um mich herum warm-fließend wahrnehme. Was nehme ich war? In meinen Körper nehme ich die Wärme meines Blutes, die Spannungen meiner Muskeln und zugleich die Wärme meiner seelisch-geistigen Energiefelder wahr, die mich im Aurafeld einhüllen. So fing ich an zu begreifen, dass ich im Körper zugleich aus fließenden, schwingenden Geruchs-, Farb-, Klangfeldern und Gedanken-, Gefühlsfeldern und Erinnerungsebenen bestehe. Sie durchdringen mich und umhüllen meinen Körper. Als Geist und Bewusstsein fühle ich mich in unterschiedlich verdichteten, schwingenden und erregten Wahrnehmungsfeldern und Empfindungen meines festen Körpers.

Konnte ich mich immer so wahrnehmen? Nein, es bedurfte einer Krise. Bei mir ging dieser Prozess 1-2 Jahre, da ich anfangs gar nichts spürte und mich von der Arbeit ausgebrannt und leer fühlte – seelisch vertrocknet. Es war schrecklich. Ich verkaufte auf den Straßenfesten

Keramik und redete mit tausenden von Leuten. So übernahm ich von ihnen auch viele Energiefelder, die meine Wahrnehmungsfelder „verklebten", erregten und verdichteten. Das zerrte mich aus. Ich verkrampfte mich und war voller Spannungen, depressiv, unruhig und erschöpft. Ich konnte mich nicht mehr konzentrieren, kein Buch mehr lesen. So begann ich mich zu erinnern, was mich wirklich interessierte. Es waren die Fragen des Lebens und die der Heilung, denn so konnte es mit mir nicht mehr weitergehen. Ich fühlte mich mies und bekam Angst. Im Außen begann ich zuerst mit Kunstkursen und einer Ausbildung als Heilpraktiker, die ich nach zwei Jahren enttäuscht abbrach. Es half ein wenig. Ich konnte mich wieder konzentrieren und wurde ruhiger. So begann ich mich auch für Schamanismus und Religionen zu interessieren und wurde dabei immer häufiger mit dem Wort Seele konfrontiert. In Asien, Afrika und Indien ist die Seele ein fester Bestandteil des Denkens. Damals kam mir plötzlich eine Pfarrerin in den Sinn, die mir vor zwanzig Jahren das Buch „Aufrichtige Erzählungen eines russischen Pilgers" vorschlug. Es erzählte die Geschichte eines Pilgers, der das 24h Herzensgebet erlernte und berichtete, was dabei mit ihm passierte. Wie es ihn begann zu führen. Ich war fasziniert und begann es naiv und neugierig selbst zu praktizieren. Die Pfarrerin begleitete mich. Es handelte sich um ein kurzes Stoßgebet aus der russischen Orthodoxie, das man mit der Atmung verbindet und 24h still im Herzen beten soll. Wie?

- Einatmen: „Jesus Christus",
- Atem kurz halten,
- Beim Ausatmen: „Erbarme dich mir".

Auch wenn ich es nur vier Wochen praktizierte, schlug es wie ein Blitz ein und veränderte stark meine Gefühle. Als überzeugter Atheist erlebte ich zum ersten Mal, tiefe religiöse Gefühle. Eine neue Welt hatte sich mir kurz eröffnet. Wieso kurz? Die Pfarrerin warnte mich davor Kirchenleuten, von meinen Erlebnissen zu erzählen. Ich hörte nicht auf sie. Nach einem Streit mit einem Priester brach ich ab. So verlor ich das Bekommene, was mich aber nicht groß störte. Es erschien mir plötzlich unwirklich. Ich hatte es zu wenig integriert und misstraute mir, indem ich es psychologisierte. Mit diesen erwachten Erinnerungen begann ich mich zwanzig Jahre später wieder auf das Licht meiner Seele zu konzentrieren. Ich bestätigte sie mehrmals pro Tag mit einem Stoßgebet und dem Licht meiner Aufmerksamkeit:

- „Lebendiges göttliches Geschöpf meiner Seele, ich lobpreise uns, dich meine Seele, unser Licht in meinem Herzen. Erleuchte.“

So ein Gebet kann man im Laufen oder beim Café innerlich, still, wiederholen. Wichtig ist, dass Sie ihre eigenen Worte nutzen, die sich alle zwei bis drei Wochen verändern können. Nicht die sofortige Wirkung ist wichtig, sondern der dabei entstehende Prozess. Wollen Sie es aber mit der Atmung verbinden, empfehle ich Ihnen folgende Übung:

- Gehen Sie mit der Aufmerksamkeit in ihr Herz und zünden Sie mit ihrer Vorstellung eine weiße Kerze an.

- Danken Sie ihrer Seele, ihrem göttlichen Wesen und der Liebe.
- Stellen Sie sich dabei ein Licht vor, wie es sich 2m um sie herum ausbreitet.
- Fühlen Sie dabei in sich und um Sie herum.
- Jetzt können Sie still das Herzgebet machen:
- „Licht im Licht, Geist im Geist, danken wir uns Seele, lobpreisen uns Liebe. Erstrahlen in unserem Licht wie die Sonne."
- Während Sie dies still beten, stellen Sie sich eine Lichtkugel über dem Kopf vor und einen Lichtstrahl, den Sie mit der Atmung - von oben, durch den Scheitel und den Körper, hinab in ihr Herz atmen.
- Halten Sie einen Moment den Atem an. Stellen Sie sich dabei eine weiße Flamme vor, um die herum sich in ihrem Herz eine Blume öffnet. Fühlen Sie es mit dem ganzen Körper.
- Dann atmen Sie durchs Herz aus, dass dadurch gereinigt und geöffnet wird.
- Zugleich füllen Sie mit jedem Atemzug ihren Körper mit Licht.
- Licht ist Leben
- Das können Sie mit allen Chakren machen, die ich gleich im Kapitel der Chakren beschreiben werde.

Bitte wiederholen Sie dies am Anfang nur 7x - mit allen Chakren. Wenn Sie Schmerzen, Wut oder Trauer fühlen, lokalisieren Sie, wo ihre Felder im oder am Körper sind. Spüren Sie, wie sie sich anfühlen? Danach blasen Sie die Felder – wie beim Herzen oben beschrieben, aus ihrer Aura heraus. Geduld. Das Fühlen ist bei der ganzen Arbeit sehr wichtig. Atmen und Fühlen Sie gleichzeitig. Das ist für die Bewusstwerdung und Integration sehr wertvoll. Bitte finden Sie für ihre Gebete und Affirmationen eigene Worte.

Durch Konzentration und Aufmerksamkeit leitete ich das Licht meiner Seele in meine Zellen, Muskeln, Gedanken- und Gefühlsfelder, um die Seele dort zu integrieren. Ich fühlte hinein, obwohl ich lange Zeit kaum etwas wahrnahm. Wie beim Autogenen Training plante ich einen assoziativen, seelisch-geistigen und psychisch-körperlichen Gefühls-, Gedanken-, Handlungskreislauf zu erschaffen. Er sollte zu einem Reflex im Kleinhirn werden, der nie mehr zu verlernen ist – wie beim Fahrradfahren. Das dauert bei 3x5 Min Übungszeit pro Tag 8 Wochen. So begann ich sehr naiv und neugierig. Doch bald wurde es mir langweilig, was sehr gut war, da ich dadurch meine Erwartungshaltung verlor. Nach Monaten begann ich feine Nuancen zu spüren, die nach und nach immer deutlicher wurden. Nach etwa 1 Jahr spürte ich eine Wärme und Weichheit, die mich von innen nach außen durchfloss und umhüllte. Nach einem weiteren halben Jahr hatte sich der Prozess stabilisiert. Heute kann ich in jeder Situation mein Licht anzünden und fühlen. Durch seine Wärme, gibt es mir Geborgenheit und Heimat. Durch die Wiederholung der Gebete/Affirmationen, wurde zugleich meine Konzentration gestärkt. Dadurch lernte ich meine Gedanken bewusst zu denken und das Licht meiner Aufmerksamkeit und die Vorstellungsenergien im Körper zielgerichtet zu leiten. So merkte ich, dass ich das Seelenlicht auch für andere einsetzen konnte. Es entspannte sie und half bei Leiden.

Ich konnte auch mit Trinken und Rauchen aufhören. Wie kam dieser Entschluss? Er dauert lange, über sehr viele Rückfälle, die mich aber stets trainierten. Mit der Zeit verlor ich den Respekt vor ihnen, so auch den Respekt des Aufhörens, wodurch die Entzüge deutlich schwächer wurden, da vieles im Kopf geschieht. Ich nahm sie als Teil meines Lebensstiles. So hielt ich die Unruhe aus, indem ich abends zu Hause blieb, Chips aß und in die Glotze schaute. Dabei entdeckte ich, dass sich in diesen Zeiten auch Psychisch-Seelisches reinigte. Was mir aber besonders auffiel, war Folgendes:

— Bei jedem Rückfall wurde ich instabil – Schuldgefühle, Euphorie, Kotzen, Kopfweh mit Magendrücken und durch Bier Erlösung davon. Es führte zu einem tosenden Wellengang meiner Gefühle. Ich ruderte mit dem kleinen Boot meines ICHs und wurde von ihnen hin und her geworfen.

— Meine Wahrnehmungsfelder wurden dabei dicht, sehr spannungsvoll und nervös. Ich fühlte mich gestresst, was aber nichts mit Lebendigkeit zu tun hatte. Es waren Suchtgefühle, Abwehrhaltungen und Schuldgefühle, die mich erregten und verkrampften.

— Wenn ich lange nicht trank, begann ich mich durch das Lichtfeld meiner Seele ausgeglichen, weich und offen zu fühlen. Immer mehr begann ich Lebendigkeit von Gefühlen der Sucht und des Stresses zu unterscheiden. Umso mehr ich ein Gefühl für meine Lebendigkeit bekam, umso wichtiger wurde sie mir.

— Bis ich mich endgültig zum Aufhören entschloss. Ich entschloss mich für das Leben.

– Die Anonymen Alkoholiker halfen mir dabei – mit Menschlichkeit, ihren gemachten Erfahrungen und dem nötigen Fachwissen, das sie teilen.

Ich brauchte dazu zwei bis drei Jahre. Ich trank quartalsmäßig, so dass es nicht groß auffiel. Oft genoss ich es auch. Durch meine Übungen hatte ich mich so weit gebracht, dass ich bewusst zu einem bestimmten Zeitpunkt aufhören konnte und dies auch schaffte. Wichtig: Das empfehle ich Niemandem, der frisch aufhört zu trinken, weil es Training braucht und Glauben. Auf jeden Fall in die Selbsthilfegruppe gehen, um ein Fundament zu lernen.

Durch meine Kurzgebete, die ich still für mich, in Gedanken ausführte, festigte sich auch meine Konzentration, durch die ich Kontrolle über meine Gedanken bekam. Ich kann sie heute wie Fernsehprogramme umschalten, um in andere innere Räume und Qualitäten zu wechseln. Damit begann ich die Impulse meiner Sucht zu kontrollieren – den psychischen Teil von ihr. Die körperlichen Reflexe und Entzüge, musste ich bei jedem Aufhören stets von Neuem durchleben. Es gelang mir aber, mich von ihnen zu distanzieren. Wie ich das machte? Ich identifizierte mich mit meiner Seele und nicht mit dem leidenden Körper. So konnte ich mich vom Entzug dissoziieren und ihn aus meinem warmen Seelenraum heraus beobachten und auch empfinden. Der physische Entzug dauerte vierzehn Tage und bei den Zigaretten ging es vier Wochen, in denen ich mich stark kontrollieren musste. Anfangs schwitzte ich, zitterte im Inneren etwas und die Erregungen, brachten meine Gedanken und Gefühle durcheinander. So mied ich alle Kneipen, in denen ich getrunken hatte. Die Freunde wunderten sich über mich. So drehte sich alles um den Alkohol. Ich musste stark auf Entspannung achten. Auch wollte ich alles und sofort lösen, was natürlich nicht ging. Das ist normal. Anfangs schwankte ich zwischen Euphorie, Unsicherheit und Depression hin und her. Alte Orte kamen mir verklärt schön vor und lockten mich. Die Suchtgefühle versuchten so mein Denken zu übernehmen. Ich musste immer auf der Hut sein. Da ich aber inzwischen meine Gedanken – wie Fernsehprogramme, bewusst wechseln konnte, konnte ich auch wählen, was mir gut tat und was nicht. Dadurch konnte ich die Zeitpunkte meines Aufhörens bestimmen und über viele Monate trocken bleiben. Das führte aber dazu, dass ich noch eine ganze Zeit weitertrank – typisch für Alkoholiker, bis ich in meinen seelisch-geistigen Zuständen endgültig die Qualitäten meines Lebendigen erkannte, die mir nun immer wichtiger wurden. Ich wollte sie nicht mehr missen.

Ich hatte mich für das Leben entschieden.

Hatte ich die Sucht überwunden, nachdem ich monatelang aufgehöhrt hatte? Nein. Wieso aber? Weil sie aus vernetzten, geistig-assoziativen und neuronalen Kreisläufen besteht: Gedanken, Erinnerungen, Gefühle und Handlungen, die sich assoziativ in Kreisläufen vernetzt hatten. Oft wiederholt waren diese Kreisläufe und Netzwerke zu Gewohnheiten geworden, die sich als Reflexe im Kleinhirn eingeprägt hatten. So entstanden in unserem Gehirn neuro-synaptische Kreisläufe. Die Suchtprogramme werden durch Stress, aufgeschobene Aufgaben und nicht gelöste Konflikte aktiviert. Suchtverhalten ähneln auch denen von chronischen Krankheiten und Traumata. Umso mehr Reflexe- mit ihren Gedanken-, Gefühls- und Handlungskreisläufen, wiederholt werden, desto stärker und schneller wirken sie: Neue Tanzschritte sind am Anfang mühsam zu erlernen. Oft wiederholt, werden sie nach und nach zu fließenden Bewegungen, über die ich nicht mehr nachdenken muss.

Die Sucht ist eine sich ständig steigernde Krankheit. Sie zeigt sich in Kreisläufen, deren Teile aufeinander reagieren und sich verstärken: Café, Zigaretten, Stress und Alkohol. Nur indem wir mit den Drogen aufhören, können wir die Sucht stoppen. Durch die Gewöhnung müssen wir aber immer mehr von der Droge haben, um die gleichen Wirkungen zu erleben. Wenn man lange Zeit aufhörte und einen Rückfall erleidet, wird man sehr schnell so viel konsumieren, wie damals als man aufgehört hatte und bald noch mehr. Das ist sehr gefährlich, weil der Körper es nicht mehr gewohnt ist – viele Sterben im Rückfall. Zugleich suchen wir Süchtige ständig Stress und den Kick. Wir suchen extreme Zustände, intensive Entspannung oder Erwärmungen. Tatsächlich suchen wir aber nach unserem inneren Fließen, nach Verschmelzungen, Inspirationen und unserem weichen, sinnlich-seelischen Eros, durch die wir uns lebendig fühlen würden. Das ist uns aber versagt, weil die Sucht uns verkrampfte und unseren Weg zum Geistigen blockiert hatte. In seinem Buch „König Alkohol" beschreibt Jack London, wie er ohne ein Glas Wein nicht mehr schreiben konnte. Bei uns Süchtigen ist der Drüsenausstoß von Endorphinen und Belohnungshormonen reduziert. Ohne

Drogen fühlen wir uns leer, unruhig und depressiv. Wir sehnen uns nach Lebendigkeit, Verbundenheit und einem Gefühl der Liebe. So suchen wir Leiden, Spaß und besonders Stress, um uns danach zu belohnen – Drogen zu nehmen. Darum müssen wir uns vor allem Extremen und starken Eindrücken sehr in Acht nehmen, das Mittelmaß finden. Wieso? Weil es eine gewisse Intensität und hohe Spannungen braucht, um die Sucht-, Abwehr- und Vermeidungsverhalten zu aktivieren. Tatsächlich sind es aber Bewegungen, die das Leben in uns erzeugt, mit denen ich schöpferisch wirken kann. Heute nutze ich meine Antriebe für das Schreiben und den Sport. Vieles gibt es bei mir noch zu ändern. Doch habe ich gelernt, mir mehr Raum und Zeit zu lassen und mich nicht mehr mit zu viel Härte perfektionistisch zu quälen. Ich habe im Herzen und im Licht meiner Seele etwas Frieden und geborgene Wärme gefunden. Es geht mir gut. Darum brauche ich auch viele Sachen von früher nicht mehr, die ihren Reiz und Glanz verloren haben. Etwas kann ich aber mit Bestimmtheit sagen:

- Zwischen Nüchternheit und Rausch, Schuldgefühlen, Angst und Euphorie hin und her gerissen, paddeln wir in den Wellenbergen und Tälern unserer Gefühle verwirrt auf und ab. Wir finden keine Stabilität, alles ist im Wanken. Wir verlieren unseren Boden.
- Ständig Wiederholtes, Intensives, Extremes erzeugt Hunger nach mehr. Das „innere Gedrängt werden" steigert sich und erregt. Obwohl die Gewohnheit unsere Spannungen ausgleicht, wird sie für uns Süchtige gefährlich. Wir versuchen Gewohnheiten zu umgehen, um das Intensive noch intensiver zu machen.

- Unsere Wahrnehmungsfelder verdichten sich durch unsere spannungsgeladenen Gefühls- und Erinnerungsfelder. Wir verkrampfen uns durch die Sucht, wodurch unsere Inspirationen, Gefühle und unser seelisch-warmes Licht nicht mehr richtig fließen können. Gefühle werden von Spannungen aufgeladen und verwandelt. Spannungen geben uns ein irrtümliches Gefühl von Macht und Kraft. Wir verwechseln Stress mit Lebendigkeit und Spannungen mit Gefühlen, wodurch wir unsere tatsächlichen Gefühle nicht mehr richtig wahrnehmen können.

- Wahre seelische Gefühle und Inspirationen fließen dagegen sanft, weich und sinnlich. Man muss nicht mehr so viel Denken, sondern beobachtet, was in Einem aufsteigt und Einem von innen her bewegt. Die Intelligenz unserer Seele und der Liebe sind unserem eingeengten ICH- und Aufmerksamkeitsdenken weit überlegen. So erlebe ich mich in seelisch-liebenden Zuständen offen, fließend, leicht und lebendig. Ich nehme das Licht der Farben und Düfte intensiver wahr.

- Zwänge, Ängste und Suchtdynamiken verdrehen dagegen die Liebe in ihr Gegenteil. Der Radar meiner Wahrnehmung wird auf Schädigendes und Negatives hin ausgerichtet. Man wendet sich vom Leben ab, indem man von seinem frustrierten Gewohnheitsdenken geführt wird und sich ständig in schädlichen Situationen und Beziehungen wiederfindet. Das erzeugt oft Stress und nährt unsere Sucht, mit der ich mich belohnen will. Dadurch kann es auch zum Rückfall kommen. Darum genügt es auch nicht, aufhören zu trinken. Nein, man muss seine inneren Haltungen, sein Denken, Verhalten und seine Orientierung verändern. Man soll sich für das Leben, die Liebe und das Dienen entscheiden.

- Süchte, Zwänge und starke Ängste erzeugen Tunnel, in denen die Aufmerksamkeit auf die Sucht- und Zwangserlebnisse fixiert, eingeengt und erregt wird. Durch die Einengung wird alles intensiver und spannungsgeladener. Man fixiert sich auf die Droge, bindet sich an sie und verliert dabei alle anderen Interessen und sozialen Kontakte. Das Alltägliche mit seinen Schönheiten verliert seine Reize. Wir werden zu Hungrigen, Angetriebenen, Frustrierten und Wütenden und machen maskenhafte, fröhlich Witze. Wir verleugnen uns durch Überangepasstheit und Trotz.

- Durch den seelischen Licht- und Liebesmangel wollen sich viele aufwärmen und nutzen dafür ihre Partner, Kinder und Freunde, die zur Projektionsfläche von Hunger, Gier und Bedürftigkeit werden. Der Hunger erzeugt noch mehr Hunger. Angetrieben wird man immer erregter. Die Gedanken werden unruhig, so dass man sich nicht mehr recht konzentrieren kann. Konzentration und Arbeitsleistung lassen immer mehr nach. Immer mehr Druck, Ängste und Fehler entstehen, die zugleich verdrängte Verletzungen und Traumata am Leben erhalten, die unbewussten Stress erzeugen. Angetrieben, erschöpft man sich immer mehr. Man verliert den inneren Halt, seine Orientierung und irrt in seinen künstlichen Wünschen und Begierden umher.

- Der Suchtstress schädigt auch unser Nervensystem, so dass man Frustrationen, Konflikte schlecht erträgt und Problemen aus dem Wege geht. Man entwickelt

Abwehr- und Vermeidungsstrategien. Unser Lebendiges wird durch Zwang, Drogen und Extremes weggemacht. Wir verlieren dabei unser Weiches. Lebendiges und Liebendes will man plötzlich nicht mehr fühlen. Die innere Vielfalt ängstigt. Statt sie zu leben, vereinsamen viele. Bedürftig machen sich viele von Beziehungen, Sex, Hobbies oder der Arbeit abhängig, mit denen sie Scheinidentitäten erschaffen. Auch die Sucht – „Ich, der Süchtige", kann zur Scheinidentität werden. Um sie herum bauen viele eine Philosophie auf.

• Dies wirkt sich auch auf die Beziehungen aus. Der Süchtige oder regelmäßig Extremhandelnde wird die Neugier und Experimentierfreudigkeit des Partners oder die der Mitglieder nutzen, um sie über ihre Grenzen zu führen. Durch die starken Erregungen werden ihre Hormondrüsen und Nerven stark gefordert, überfordert und bei ständigen Wiederholungen ausgebrannt. Durch die Gewohnheiten werden die Reize ihrer Handlungen abnehmen, wodurch immer stärkere Reize gefordert werden, um das Bisherige neu zu erleben. Dafür können auch Grenz- und Bewusstseinserweiternde Techniken missbraucht werden. Liebhaber von Sado-/Masochistischen Spielen, Sekten und Psychogruppen, können von den Dominierenden und Lehrern missbraucht werden und an ihren Seelen Schaden nehmen. Wieso? Weil man sich von seiner Mitte entfernt und sich die Liebe und Ausrichtung aufs Leben ins Gegenteil verkehren. Es ist wie bei einem Gummiband, das man ausdehnt – seine Spannung steigt stark an. Es sucht wieder seine Mitte. Durch die Steigerungen, Erregungen und ständigen

Versuche eigene Grenzen zu erweitern, werden nach und nach normale Reize und Menschen verachtete. Wenn sich Solches assoziativ mit Ideologien, Religionen und Philosophien verbindet, wird sich die Person über andere erheben. Die Gruppenmitglieder werden sich über andere erhöhen und sich dabei isolieren. Wieso? Weil sie sich als etwas Besseres fühlen. Verdeckt, ohne dass sie es merkten, suggerierte man es ihnen. So lernten und verinnerlichten sie es. Sie isolieren sich. Das ist aber das Ziel ihrer Missbraucher. Sie wollen ihre Mitglieder isolieren, um sie von sich abhängig zu machen. Wie? Indem sie ihnen ein Gefühl geben etwas Besonderes zu sein. Sie seien die, die sich für etwas Großartiges einsetzen, indem sie auf dem einzig richtigen Weg gehen. Vielleicht ein Geheimwissen haben, was die profanen Menschen nicht haben. So wollen Sekten und Gurus ihre Mitglieder immer mehr isolieren, indem sie ihnen ein sehr verzerrtes „gut-böse Weltbild" aufpfropfen, das sie ihnen wie ein Kondom überstülpen. Plötzlich sehen sie die Welt durch das Kondom. Doch man gibt ihnen das Gefühl, zu den Guten zu gehören. Die Bösen – Geschwister, Eltern, Andersdenkende, Freunde und nicht Gläubige, werden zu den Anderen. So werden auch Sektenmitglieder abgeschottet, die oft zu missionieren beginnen. Sie sollen die gesteckten Zahlen und Ziele des Gurus befriedigen, bei denen Menschen keine Rolle spielen. Die Mitglieder werden dabei entmenschlicht. Sie dienen nur noch seinem Zweck und Ziel. Angst und Mitleid können sich im Missionieren zugleich mit Sadismus verbinden. In guter Absicht wollen sie anderen helfen. Selbst manipuliert, fangen sie an zu unterdrücken und manipulieren selber. Wie? Indem sie den neuen Mitgliedern trügerische, auf Ideologie und Ziele aufgebaute, starke Nähe geben. Durch viele Regeln, Übungen und Verhaltenshinweise, die sie zu beachten und zu machen haben, dringen sie immer tiefer ins Privatleben ihrer Mitglieder ein. Von Ängsten, Phantasien, Sehnsüchten und Selbstverleugnungen getrieben, wollen die Mitglieder ein schwammiges, undefinierbares Erwachen erleben oder schnell zu Gott finden. Die missbrauchten Schüler verinnerlichen die Ideologien, die sie über ihr Selbst und ihre Persönlichkeit legen und sie so überdecken. Dadurch werden die Menschen auch von sich selbst entfremdet und nehmen großen Schaden.

- Bei unserer Seele ist es anders. Wieso? Weil in ihr unsere ursprünglichen Anlagen, schöpferischen Fähigkeiten und Potentiale der Liebe verborgen sind. Das Licht der Liebe erleuchtet unsere Seele, die uns wärmt und entspannt. Ihr Licht öffnet und sättigt uns. Es richtet uns mit der Hilfe unserer inneren Lehrer nach dem Leben aus. Wir brauchen nicht mehr viel, weil wir uns vertrauen und in uns selbst Wärme, Wurzeln und Heimat finden. Wir werden selbstgenügsam und durch die Bewusstheit unserer Unzulänglichkeiten und Fehler auch bescheidener. Das erzeugt in uns einen Freiraum und etwas Frieden. Die Leute beginnen sich in unserer Gesellschaft wohl zu fühlen.

- Niemand kann das Licht und die Liebe kontrollieren, die uns dienen, uns inspirieren und durch unser Herz, durch unser Wesen und die Augen andere berühren. So erweckt Licht neues Licht und Liebe die Liebe.

- Leute, die geheilt wurden, sollten ihre Erfahrungen mit noch Leidenden teilen, um ihnen zu dienen und zu helfen. Wieso? Weil sie durch ihre eigene Dunkelheit wanderten und dadurch den Wert der Liebe und des Lebens wieder gefunden haben. Sie können ihr wieder Gefundenes, ihr Mitgefühl, die Liebe und ihre Erkenntnisse teilen. Sie können mit ihnen berühren und noch Leidende wieder fürs Leben öffnen. So entstand die Selbsthilfegruppe AA (Anonyme Alkoholiker), aus der heraus weitere Gruppen und sogar Therapiearten erwachsen sind. Sie begannen zu dienen und ihre Herzen für die Menschen und die Liebe zu öffnen.

So erzeugt die Liebe auch Leben, das die Liebe fühlbar macht und wir sie durch unsere Wahrnehmung erleben. Leben, Licht und Wahrnehmung sind Metamorphosen der Liebe, die sich durch uns in den Gemeinschaften wechselwirkend erschaffen, um sich danach reicher geworden, wieder mit sich selbst zu verschmelzen. Sie öffnen unsere Herzen und richten uns nach dem Leben, seiner Schönheit und unserem Glück aus. Indem wir unsere Aufmerksamkeit vermehrt nach innen, in unser Herz richten, können wir unsere Herzen öffnen. Indem wir mit unserer Aufmerksamkeit im Herzen verharren, beginnt das Licht der Liebe und unserer Seele in uns zu fließen. Anfangs kann es auch schmerzhaft sein, weil uns alte Verkrampfungen bewusst werden, die sich aber langsam, durch viele Wiederholungen auflösen. In unserem Herzen beginnt das Licht der Liebe und unserer Seele durch unsere Aufmerksamkeit zu strahlen. Unsere Seelen und Herzen freuen sich. Sie drängen uns dazu,

Licht und Liebe mit anderen zu teilen. So schlagen unsere Herzen mit allen Herzen der Schöpfung. Alles pulsiert in farbig, leuchtenden, klingenden Schwingungen und Feldern. Liebe und Leben wirken durch uns hindurch in den Gemeinschaften, um sich – vielfältiger geworden, wieder mit sich selbst zu verschmelzen. So fließen alle Flüsse zurück ins Lichtmeer der Liebe, aus dem sie einst hinaus in die Vielfalt flossen.

Wie aber ist die Seelen-, Geist- und Körperstruktur des Menschen aufgebaut? Wie werden unsere inneren Ebenen zusammenwirken? Um dies sehr vereinfacht zu zeigen, erweitere ich meine Ansätze, indem ich uns Menschen zwei wichtige Ebenen unterscheide:

Die göttliche Struktur: Unsere Seele mit dem Höheren Selbst

Die menschliche Struktur: Unserer Persönlichkeit mit dem ICH und unserem Körper

So beginne ich mit unserer göttlich-seelischen Struktur:

<u>Die göttliche Struktur von uns Menschen besteht aus unserer Seele, dem Höheren Selbst, sowie unseren Geist- und Wahrnehmungsebenen.</u>

Gott als Einheit erschuf sich einst als Vielfalt durch seine Schöpfung und Seelen. So teilte die Schöpfung ihr

Bewusstsein, Geist und Licht, in die Seelen auf, die durch viele Schöpfungsebenen reisten und ins Universum eindrangen. Auf der Erde wurden sie durch ihre Mütter immer wieder als Menschen geboren.

In unseren Seelen - in den Gestalten unseres Höheren Selbst, werden die Erinnerungen an unsere einstigen Wiedergeburten und Existenzen gespeichert, die sich mit jedem neuen Leben weiter entwickeln. Die Gestalten des Höheren Selbst sind unsere inneren Lehrer, die uns mit Impulsen, Inspirationen und Erkenntnissen führen. Sie haben eine pixelartige Größe. Bei jedem Gebrauch werden sie jedoch vergrößert und in uns Menschen zu Führern unserer jungen Persönlichkeit, der sie Orientierung geben. Das Höhere Selbst unserer Seele ist der handelnde, sich selbst reflektierende und denkende Anteil ihrer Geistebenen. Es entscheidet frei, da es von den Überlebensinstinkten und Überlebensmotivationen der Evolution befreit ist. Unsere Persönlichkeit dagegen wird mit dem ICH und dem Körper von ihnen dominiert. In der innersten Substanz von uns Menschen lösen sich die Geistebenen unserer Seelen auf und verschmelzen in der Tiefe, mit dem sie durchdringenden Schöpfungs- und Evolutionsgeist. Dabei verlieren unsere menschlichen Erfahrungen auch ihr Individuelles und verwandeln sich in Kollektive. Unsere Seele drückt sich durch eine bildhaft-symbolische, poetische Metaphersprache aus. Unser ICH dagegen drückt sich mit Begriffen, Gedanken und Gefühlen aus.

So wechsle ich nun den Blickwinkel und schaue vom Zentrum der Seele hinaus zu unserem physischen Körper.

In uns Menschen besteht unser Geist und das Höhere Selbst aus Erinnerungs- und Wahrnehmungsebenen: Empfindungs-, Gefühls- und mentalen Ebenen. Aus dem Zentrum heraus durchdringen sie, die über unserem Höheren Selbst liegenden Evolutions-, Persönlichkeits- und ICH-Ebenen mit dem Körper und der ihn umhüllenden Aura. Mit unserer Aura können wir fremde, von außen kommende, Vorstellungs-, Gefühls- und Gedankenflüsse der Mitmenschen empfangen, die in unsere Aura einströmen. Diese fremden Gedanken- und Gefühlsflüsse dringen in unseren Wahrnehmungskörper ein, verwirbeln sich in ihm und reizen unsere Sinnesrezeptoren, die die Reize, mit den Eindrücken der Sinnesorgane, zur Verarbeitung ins Gehirn leiten. Unsere Seele, mit ihrem Geist, ist unsere Einheit. Sie durchdringt uns, umhüllt uns und vereint unsere Vielfalt. Zugleich ist unsere Seele auch ein Teil der Schöpfungsliebe, die uns mit ihrem Einheitsgeist, Bewusstsein und Einheitslicht von innen her erleuchtet. Wir werden von ihren Erfahrungen, dem Licht der Liebe und der Sonne mitgenährt und nehmen uns im Einheitsgeist und Einheitsbewusstsein wahr.

- **Die Evolutionsebene des Menschen dient seinem Überleben.**

Erinnern sie sich: Die geistige Evolution begann einst vor der Schöpfung. Mit dem Universum teilte sie sich in ihre materielle Evolution auf, die sie zugleich auch durchdringt.

- Die geistige Evolution wirkt mit ihren Bildern und Erfahrungen auf den Geist und das Bewusstsein unserer

Seelen. In Inspirationen verpackt, steigen die Bilder in uns Menschen auf. Von ihnen bewegt, denken wir über sie nach. Die geistige Evolution dient unserem sozialen Miteinander.

- Die materielle Evolution dagegen wirkt im Universum durch die Natur, in den Genen und Hormonen von uns Menschen und Geschöpfen. Sie dient unserem Überleben und der Arterhaltung.

- Mit unseren Gedanken und Handlungen, rufen wir Menschen aus der geistigen Evolution spiegelartig ähnliche Bilder herbei, die in Inspirationen verpackt, in uns aufsteigen. Von ihnen bewegt, denken wir über sie nach und handeln. Indem wir handeln, verändern wir unsere Umgebung und die Natur. So wirkt die geistige Evolution durch die Gemeinschaften hindurch auf die materielle Evolution.

- Unsere Seelen werden vom Evolutionsgeist umgeben, der uns durchdringt und sich in unserem Inneren individualisierte. Dadurch entwickelten alle Seelen eine innere, geistige Evolutionsebene, die auch unsere Erinnerungen durchdringt, wodurch unsere Erinnerungen zugleich in der geistigen Evolution vervielfältigt werden. So wirkt die materielle Evolution mit Hilfe unserer Erinnerungen auf die geistige Evolution zurück, um ihre Konzepte an unsere Gegebenheiten anzupassen.

- Mit unseren Genen und Hormonen, sowie Durst, Hunger und den Bedürfnissen nach Schlaf, Bewegung und Fortpflanzung, bewegen die Triebe der materiellen Evolution unseren Körper. Wie? Indem sie Stress erzeugen, der in uns Bewegungsenergien freisetzt, die uns zum Handeln bewegen. Die materielle

Evolution entwickelt unseren Körper, organisiert ihn und hilft ihm zu überleben.

- Indem unsere innere Evolutionsebene die von der Seele aufsteigenden Inspirationen erregt, bewegt sie unsere Persönlichkeit, die Gene und unseren Körper. Wie macht sie das? Sie bündelt ihr Licht, verdichtet und erregt sie, um so ihre Spannungen zu erhöhen.

- Die in die Evolutionsebene aufgestiegenen Inspirationen der Seelen werden mit der Hilfe von Bildern der geistigen Evolution verdichtet und mit artübergreifenden, sozialen Verhalten geprägt und durch Überlebenstriebe erregt. Wie? Die Inspirationen verschmelzen sich mit ähnlichen Bildern, z.B. mit denen von Gruppen und Familien. Mit Hilfe der Bilder werden in den Inspirationen kollektive, soziale Verhaltensweisen erweckt: Familien-, Gruppen- und Hierarchieverhalten, die von den Überlebens- und Fortpflanzungstrieben erregt und geprägt werden. Dadurch verdichten sie sich, wodurch ihre Spannungen erhöht werden. So steigen die Inspirationen spannungsgeladen und mit evolutionären Bildern angefüllt, weiter hoch in die Persönlichkeit.

- Wenn die Inspirationen in unserer Persönlichkeit auftauchen, werden sie individualisiert. Wie? Unsere Persönlichkeit individualisiert in ihrem Inneren ihre kollektiv-evolutionären, artübergreifenden und sozialen Grundverhalten der Pflanzen und Tiere: Ihre Gruppen-, Familien-, Fortpflanzungs-, Neugier- und Überlebenstriebe, sowie Jagd-, Spieltriebe und die Motivationen von Flucht-, Angriff- und Totstellreflexen. Mit ihrer Hilfe lernen wir uns auch in Hierarchien einzugliedern, indem wir Ranghöhere und Alte

respektieren und uns ihnen unterordnen. Diese Trieb-
motivationen erregen unsere Inspirationen, die sich
nun mit unseren Erinnerungen und Wünsche vermischen und Gefühle provozieren, die uns bewegen.
Von ihnen bewegt, denken wir über sie nach und handeln. So nutzt die Evolution uns Menschen, um ihre
Vielfalt zu erschaffen.

In unserem Inneren wirkt die Evolution mit instinktiven WIR-Kräften und WIR-Motivationen: Gruppen-,
Familien-, Herden- und altruistischen Motivationen, die
sich unsere Gedanken und Gefühle zu Nutze machen.
Individualisiert kämpfen sie für unser Überleben, unseren Körper, für unsere Vorstellungen, Familien, Freunde und Gruppen. Unsere Seele versucht mit dem ICH
die kollektiven Evolutionskräfte, mit ihren Motivationen
und Instinkten, in unser individuelles Handeln und Erleben einzugliedern. Unsere Überlebensinstinkte und
artübergreifenden, sozialen Grundverhalten der Evolutionsebene prägen in uns Menschen den Geist unserer
Persönlichkeit und den Körper. Sie passen uns Menschen an die Anforderungen der Umwelt und an die Mitmenschen an.

**Die menschliche Struktur der Seele besteht aus
ihrer Persönlichkeit, dem ICH und dem Körper des
Menschen:**

● **Die Persönlichkeit**

Die schwingenden Felder und Ebenen unserer Persönlichkeit sind stark verdichtet, träge und spannungsgeladen,

die unserer Seele dagegen sind sanft und sehr lichtdurchlässig. Aus unserer Seele aufsteigende, mit geistigem Licht aufgeladene Inspirationen nähren, die an unserer Oberfläche liegenden Vorstellungs-, Gedanken- und Gefühlsfelder. Sie gleichen ihre Spannungen aus. So wird unsere Evolutionsebene - mit ihren inneren Geistebenen und dem Höheren Selbst, von unserer stärker verdichteten, spannungsgeladenen Persönlichkeit umgeben. In den tiefsten Ebenen unserer noch jungen Persönlichkeit wirken alte und neue gesellschaftliche, kulturelle und religiöse Erinnerungsebenen, die von unseren frühen Kindheits- und Jugenderinnerungen überdeckt und individualisiert werden. Aus den verinnerlichten Gestalten unserer Freunde, Eltern und Selbstbilder entwickelten sich auch unsere Persönlichkeitsanteile. In den Gestalten wirken Erinnerungsebenen, die von den tiefer gelegenen, evolutionären Motivationen, Trieben und Verhaltensweisen des Überlebens erregt werden. Mit Hilfe von Assoziationen werden die aus unserer Seele aufgestiegenen Inspirationen mit Erinnerungen, Vorstellungen und Bedürfnissen unserer Persönlichkeitsanteile vernetzt und in ihnen verpackt. Sie vervielfältigen sich in ihnen und verwandeln sich in Sehnsüchte und Phantasien, die unser ICH antreiben. So ist unser ICH nach außen, auf die Mitmenschen, die Umwelt und die Natur hin ausgerichtet. In unserem Zusammenleben entstehen auch immer wieder Ängste, Wut und Schmerz, durch die sich unsere Persönlichkeit in der Seele verkrampfte und sich wie eine Raupe in ihr einkokoniert hatte. Stark verdichtet und spannungsgeladen, kühlte sie durch Lichtmangel etwas ab. Der Lichtmangel wird aber durch das geistige Licht, der von der Seele aufsteigenden Inspirationen,

etwas ausgeglichen. Trotzdem suchen wir innere Seelen-
wärme, die wir irrtümlich im außen, beim Sport, Sex,
in Beziehungen oder mit Drogen zu finden hoffen. Weil
sich unsere Persönlichkeit einkokoniert hatte, kann das
ICH unsere Seele anfangs gar nicht recht wahrnehmen.
Gegensätzliche Motivationen und Selbstzweifel erregen
unsere Gefühls- und Gedankenfelder, die sich mit tiefer
gelegenen Erinnerungen vernetzen. Sie erzeugen in uns
zusätzliche Spannungen. Aus assoziativen Vernetzungen
und ständig ähnlichen ICH-Gefühlen, Trieben und ICH-
Empfindungen, entstand in uns Menschen unser Temperament. Unsere ständig ähnlich gebrauchten Selbstbilder,
Selbstkonzepte, Gefühle und Verhaltensweisen erschufen in uns eine stark verdichtete und kaum veränderbare
Charakterstruktur. Wie aber deuten wir unsere Gefühle?
Traurigkeit, Angst, Schmerz und Wut können wir in unserer Persönlichkeit nur durch einen inneren Vergleich
erkennen, indem wir sie mit unseren tiefer angelegten,
seelisch-liebenden Gefühlen vergleichen. Wenn plötzli-
che Gefahr droht, verdichtet sich unsere Evolutionsebene, die uns mit Erinnerungen, Überlebensmotivationen,
Trieben und Hormonen erregt und antreibt. Durch unsere Erinnerungen können wir das Erlebte einordnen
und bewerten. Überlebenstriebe, Erinnerungen und Gefühle erregen und verstärken unsere Eindrücke und Ide-
en. Wenn wir aber immer wieder schmerzhafte Erlebnisse durchleben müssen, entstehen in uns assoziative,
reflexartige Gefühls-, Gedanken- und Handlungskreisläufe und im Gehirn neuronale Kreisläufe. Oft und regelmäßig gebraucht, verbinden sich diese Kreisläufe in
Gewohnheiten, die später zu Reflexen werden. Unsere
negativen, uns beschämenden Gewohnheiten prägen den

Radar unserer Wahrnehmung, wodurch sich unsere Positiven, auf das Leben ausgerichteten Motivationen, in Negative verwandeln. Selbstschädigende, reflexartige Gewohnheiten und Kreisläufe entstanden oft nach traumatischen Erlebnissen, die die Menschen früh prägten. Sie entwickelten sich in ihnen und erzeugen chronischen Stress. Durch die zu hohen, inneren Spannungen entstanden auch Abwehr-, Schutz- und Ausweichverhalten, aus denen später Süchte, Neurosen, Phobien oder Allergien entstanden. Unsere heutigen, negativen und selbstbeschämenden Gedanken und Erfahrungen nähren unsere verdrängten, traumatischen Erinnerungskomplexe. Von den Überlebenstrieben aufgeladen und verstärkt, erzeugen sie in uns Menschen chronischen Stress. Durch den lange anhaltenden Stress verkrampften sich unsere Muskeln und die Gestalten unserer Persönlichkeitsanteile, die aus dem Unterbewusstsein heraus unsere ICH-Gedanken und Gefühle dominieren. Von ihnen ständig negativ beeinflusst, schaden sich viele Menschen. Sie schämen sich und wehren ihre diffusen Ängste, Schmerzen und Spannungen mit einer Leere ab. Die Leere überdeckt ihre Ängste, Verletzungen und Traumata, wodurch ihre Inspirations- und Energieflüsse stark gehemmt werden. Über eine lange Zeit, aus einer inneren Unruhe und ständigen Abwehr heraus, entstanden Stauungen, Ausweichs- und Kompensationsverhalten, die sich in diffuse, sie antreibende Ängste, Wünsche und Sehnsüchte verwandelten. Heute von zu starken Spannungen gehemmt, fehlt es ihnen oft an Lebendigkeit, spontanem Erleben und Ausdruck. Sie können ihre sinnlich, fliesenden Energie- und Inspirationsflüsse nicht mehr richtig spüren und ihr inneres Erleben nicht mehr richtig in Worte fassen. Von gestauten Energien angetrieben, sprachlos, entstanden in ihnen starke Minderwertigkeitsgefühle, die sie heute in ihren Beziehungen einschränken. Viele schämen sich dafür. Mit der Hilfe von Profilierungs-, Geltungs- und Machtphantasien wehren sie ihre Minderwertigkeitsgefühle ab. Weil sie von sich selbst und anderen viel zu viel erwarten, wurden sie über Jahre ängstlich, misstrauisch, depressiv oder aggressiv. Daraus entwickelten sich auch Süchte und Neurosen mit sozialen Fehlverhalten und negativen Weltbildern.

- **Die ICH-Instanz der Persönlichkeit ist die Brücke zum Körper.**

Mit unserem ICH erkennen und reflektieren wir Menschen uns selbst, um uns so selbst behauptend, an die Bedürfnisse unserer Mitmenschen anzupassen. Von eigenen Gedanken und äußeren Eindrücken bewegt, entscheiden und handeln wir mit unserem ICH willentlich. Zugleich werden wir aus der Tiefe - ohne dass es uns selbst bewusst ist, von unserem Höheren Selbst, der Evolutionsebene und unseren Kindheitserinnerungen beeinflusst und erregt. In den von unserer Seele aufgestiegenen Inspirationen ist Licht gespeichert. Wenn wir Menschen über sie nachdenken, verschmelzen sich diese Inspirationen mit unseren Gedanken und Gefühlen und nähren sie mit seelischem Licht. Mit unserem ICH, unserer Aufmerksamkeit und Konzentration, bündeln wir die Licht- und Energieflüsse unserer ICH-Gedanken und Gefühle, um sie auf ein Ziel hin auszurichten und auszudrücken. So ist unser ICH zugleich die Brücke zu unserem Körper und zu den Mitmenschen. Diplomatisch vermittelnd, wandert es – sich behauptend, zwischen unseren Wünschen und den äußeren Ansprüchen der Mitmenschen hin und her, um Ausgleiche und Kompromisse zu finden. Mit der Vernunft passt es unsere Verhaltensweisen an die Bedürfnisse der Mitmenschen an. Darum ist unser ICH auch nach außen, auf die Mitmenschen und die Natur hin ausgerichtet. In unserem Inneren wird das ICH von unserer verdichteten und etwas abgekühlten Persönlichkeit umgeben. Darum kann es unsere Seele anfangs gar nicht wahrnehmen. Indem unser ICH das Licht unserer Aufmerksamkeit steuert, können wir uns auch von unseren Impulsen, Trieben und Motivationen distanzieren, um über sie nachzudenken. Wir können uns für die Impulse oder gegen sie entscheiden. Die Impulskontrolle ist für alle Süchtigen, Gewalttätigen und all diejenigen, die ihre Gewohnheiten verändern wollen, sehr wichtig zu lernen. Durch Impulskontrolle und Zweifel können wir unsere Handlungen kontrollieren. Zugleich können wir auch in unsere geistige Tiefe eintauchen, um unsere dahinterliegenden Motivationen zu erkennen. Der Geist in unseren Ideen, Gefühlen und Gedanken funktioniert wie ein Muskel, den man trainieren muss. Indem wir den Impulsen unserer negativen Gewohnheiten, denen unserer Wut und der Sucht, regelmäßig widerstehen, werden unsere geistigen Muskeln gestärkt. Wir kriegen die Kontrolle über unsere zu starken Impulse, deren Antriebe über Wochen abnehmen werden und sich in uns zurückziehen. Dadurch werden wir auch neue Fähigkeiten, Qualitäten und Zustände entdecken. Unsere Impulskontrolle wird uns neue Räume und Freiheiten eröffnen, mit denen wir unsere Eindrücke und Entscheidungen hinterfragen können, um uns mit Hilfe unserer Inspirationen neu zu orientieren.

– Unser ICH besteht aus den Erinnerungen und Selbstbildern unseres Körpers, die mit ihren Selbstkonzepten unsere Identität erschufen.

– Mit unseren Selbstbildern, Erinnerungen und unserer Identität, erleben wir uns in unseren sich immer verändernden Vorstellungen und Gedanken als uns selbst.

– Mit unserem Körper erleben wir uns auch in unterschiedlichen Situationen und Beziehungen ständig als uns selbst.

– Im Körper besteht unser ICH aus dem Präfrontalen Cortex des Gehirnes und unserem sympathisch-willentlichen Nervensystem, das mit den Hormonen und Sinnesorganen absichtlich und willentlich unseren Bewegungsapparat bewegt.

– In der Psyche unserer Persönlichkeit arbeitete das ICH mit unseren Gedanken, ICH-Gefühlen, Ideen und kurzfristigen Erinnerungen, indem es ihre Energie- und Lichtflüsse bündelt. Mit unserer Konzentration und Aufmerksamkeit richtet es die gebündelten Energien, Inhalte und wirkenden Erfahrungen, auf ein äußeres Ziel hin aus und selektiert unsere Eindrücke.

Persönliche Erfahrungen, Erlebnisse und Erinnerungen sind in uns Menschen das Individuelle und Menschliche. Durch Erfahrungen und Möglichkeiten erleben wir uns in unseren Selbstbildern, ICH-Anteilen, Vorstellungen und Selbstkonzepten als uns selbst. Unsere ständig, immer wieder gebrauchten Selbstbilder, Handlungen, erregten Qualitäten und Fähigkeiten, verdichteten sich zu unserem Charakter und Temperament, die wir verändern können. Dagegen sind unsere Vorstellungen und Gewohnheiten des ICHs veränderbar.

- **Der Körper:**

Durch ihn empfinden wir Menschen die Dichten, Vibrationen und Temperaturen unserer Gefühls-, Erinnerungs-, Ideen- und Gedankenfelder. Zugleich empfinden wir mit dem Körper auch Spannungen und Bedürfnisse, die unser ICH mit den Anforderungen der Natur und denen der Mitmenschen vergleicht. In den Reibungen innerer und äußerer Eindrücke, Wünsche, Gefühle und den Notwendigkeiten, entstehen unsere Motivationen und Triebe. Sie bewegen uns dazu, unsere Ideen und Gefühle mit dem Körper, der Sprache und unserer Gesichtsmimik auszudrücken, um mit ihnen in den Gemeinschaften zu wirken.

Um die Liebe, ihre Schönheit und ihr Glück zu erfahren, müssen wir leben und wahrnehmen. Die geistigen Anlagen unserer Seele stellen uns diese Möglichkeiten zur Verfügung. Wie aber wird die Liebe in uns Menschen wirken? Wie werden die geistigen Schwingungen unserer Seele und die der Liebe mit unserer Evolutionsebene, der Persönlichkeit, dem ICH und dem Körper zusammenwirken?

Unsere Seele existiert ewig. Sie erhält uns Menschen mit dem göttlichen Geist, Licht und Einheitsbewusstsein der Liebe, in denen wir uns mit der Hilfe unserer verdichteten Gefühls- und Gedankenfelder im Körper wahrnehmen. Unsere Seele besteht aus geistig-transzendenten, liebenden und kreativen Anlagen und Fähigkeiten. Unser Wesen ist sanft und sehr durchlässig. Mit ihrem Höheren Selbst und den verdichteten und erregenden Erfahrungen der Evolutionsebene führt sie unsere noch stärker verdichtete, junge Persönlichkeit. Mit der Evolutionsebene, den Genen und Hormonen organisiert und entwickelt sie auch unseren Körper. Da die Seele mit unserem Höheren Selbst vom ewigen Licht und Geist der Liebe genährt wird, kennt sie auch keinen Hunger. Mit ihrem Höheren Selbst wirkt die Seele in uns autonom. Sie ist von den Motivationen und Trieben der Evolutionsebene befreit. Unsere Seele ist friedliebend. Sie hat ein zeitloses, dienendes und glückliches WIR-Wesen. Im zeitlosen Wesen unsere Seele erschafft die Persönlichkeit mit Erinnerungen unsere Vergangenheit, die Möglichkeiten der Zukunft und mit unserem Körper das Gegenwärtige. Wenn weich-schwingende Inspirationen der Seele in uns aufsteigen, werden sie in unserer Evolutionsebene verdichtet, mit sozialen Gruppenverhalten geprägt und mit Überlebenstrieben erregt. Mit Licht aufgeladen, steigen sie weiter empor in unsere Persönlichkeit und erregen im Tagesbewusstsein unsere ICH-Gedanken und Gefühle, die sie mit Licht nähren. Unwillentlich und spontan, empfangen wir von unserer Seele emporsteigende Inspirationen und Erkenntnisse. Von ihrem Seelenlicht und ihren Erfahrungen genährt, denken wir über sie nach und verarbeiten sie in unseren Ideen, die wir mit Handlungen umsetzen. In dem wir Erfahrungen teilen, teilen wir mit unseren Mitmenschen auch verdeckt Liebe und Licht.

Da unsere Seele aber ein Teil des Schöpfungslichtes und der Liebe ist, kennt sie keinen Hunger. Sie braucht keinen Schlaf. Sie wirkt in uns eigenständig und autark, da sie von den Überlebensmotivationen und Antrieben der Evolution befreit ist. Sie entscheidet mit ihrem Höheren Selbst und seinen Gestalten weitsichtig, liebend und schöpferisch. Im Höheren Selbst führen unsere inneren Lehrer mit ihren Inspirationen und Erkenntnissen unsere junge, noch unerfahrene Persönlichkeit. Sie nähren uns mit Licht, das in den emporsteigenden Inspirationen und Erkenntnissen verpackt ist. Die Erkenntnisse können mit ihrer Gnadenkraft unsere Schuldgefühle und Probleme auflösen. Unsere Seele mit ihrem WIR-Bewusstsein ist sanft und liebend. Ihr lichtstrahlender, sphärischer Körper kann nicht verletzt werden. Mit der Hilfe unserer Vorstellungen, Ideen und Gedanken kann sich die Seele in uns Menschen aufteilen und vervielfältigen. Im Lichtmeer der Liebe verschmolzen, existiert unsere Seele im Schöpfungsgeist, der sich in unserem Inneren individualisierte. Die Seele durchdringt zeitlos unsere Erinnerungen, zukünftigen Möglichkeiten und Gedanken der Gegenwart, die sich wechselwirkend in unserem Körper erschaffen. Zugleich erleben wir an der Oberfläche unserer Persönlichkeit unser Frustriertes, Zorniges und Trauriges – im Spiegel unserer tiefen sanften, seelischen Gefühle, als sehr unangenehm.

Was aber passiert in unserer Persönlichkeit, die sich durch Angst, Verletzungen, Wut und chronischen Stress stark verdichtete? Die Persönlichkeit kokonierte sich in der Seele einst wie eine Raupe ein, wodurch auch weniger Seelenlicht in sie hineinfließen konnte. Seither leidet sie unter Lichtmangel und kühlte etwas ab. Licht- und Liebesmangel erzeugen in uns eine spannungsgeladene Unruhe, mit diffusen Ängsten, die sich durch unsere Wünsche in drängende Sehnsüchte verwandeln. In der Persönlichkeit verwirbeln sich unterschiedlich verdichtete und aufgeladene Erinnerungs-, Gedanken- und Gefühlsfelder. Ihre Spannungen erregen unsere Gehirnwellen, die sie in biochemisch-neuronale Prozesse verwandeln und mit ihnen unsere Nerven und Muskeln zum Handeln bewegen.

Durch die Abkühlung unserer Persönlichkeit entstand in uns eine Leere mit diffusen Ängsten und Spannungen. Die Leere verdeckt unsere tief verdrängten Verletzungen und Traumata, die unser Verhalten mitbestimmen. Aus diesem Grund sehnen sie sich viele nach Licht und innerer Wärme. Viele flüchten in wärmende Wünsche. Ohne es selbst zu merken, projizieren wir unsere Wünsche auf Mitmenschen und Objekte. So werden Bekannte zu Objekten unserer Wünsche und Begierden, wodurch es zu Irrtümern kommt. Manche Freunde werden sich von uns abwenden. Unsere neuen Autos, Kleider und schöne Wohnungen verlieren durch die Gewohnheit bald ihre Reize. Plötzlich spüren wir unsere zuvor verdrängten Ängste, die Leere, einsame Kälte und den Lichtmangel unserer Persönlichkeit. Erschrocken und uns dem Ganzen nicht recht bewusst, versuchen sich viele mit Drogen, zu viel Sport, Sex und zu viel Arbeit aufzuwärmen. Das wird ihnen nur kurzfristig gelingen und im erneuten

Leiden enden. Viele vereinsamen. Frierend, greifen sie zum Alkohol und einige werden süchtig. In ihrer Einsamkeit, Angst und Depression gefangen, verschulden sie viele. Manche werden sogar obdachlos.

Sind wir Menschen egoistische Geschöpfe?

Nein, ich glaube am Anfang wurden wir als altruistische Gemeinschaftswesen geboren, die miteinander achtsam und mitfühlend Vielfalt erschaffen sollten. Mit unseren Spiegelzellen, Gefühlen und Gedanken, können wir uns achtsam und mitfühlend aufeinander einschwingen. Diese Anlagen und Fähigkeiten unseres Miteinanders sind auch die Grundlagen für Familien, Gruppen und unser Gemeinwesen. Wir Menschen sind individuell fühlende, denkende und auch komplexe Gemeinschaftswesen, die sich aufeinander einschwingen, um miteinander Vielfalt zu erschaffen.

Ich unterscheide folgende Schwingungen, die für unsere Mitmenschen fühlbar sind und sie beeinflussen:

- Unsere ICH-Schwingungen der Persönlichkeit sind spannungsvoll, schwer und träge. Wenn unsere inneren Spannungen zu hoch sind, werden wir sie als unangenehm oder lähmend empfinden. Wir werden sie abwehren und die Abwehrhaltungen auf unsere Mitmenschen übertragen, die sich dann vor uns in Acht nehmen.
- Die seelischen Schwingungen unseres Geistes sind dagegen weich, leicht und schnellschwingend. Sie wirken in den Beziehungen ausgleichend, entspannend und angenehm. Freunde und Mitmenschen werden sich in unserer Gegenwart wohl fühlen.

Im Gegensatz zur Seele hat das ICH in uns keine eigenständige Existenz. Es ist von unseren sich ständig verändernden Gedanken, Ideen und Gefühlen abhängig, die das ICH nutzen. Darum kennt es auch keine Stabilität. Das ICH kämpft mit seinem Ego- sich selbst behauptend, für eine eigene Existenz. Es wird jedoch von den Motivationen und Überlebenstrieben der Evolutionsebene, den Eindrücken unserer Sinnesorgane, Sinnesrezeptoren und den Hormonen unseres Körpers dominiert. Es ist von ihnen abhängig. Mit seinem EGO verteidigt das ICH unsere Ideen, Gedanken, Gefühle und den Körper. Unser Ego kämpft impulsiv, konkurenzierend und sich selbst behauptend, für unser Überleben. Kindlich will es bequem – ohne viel Arbeit, sofort viel erhalten. Das ICH dagegen will mit dem Körper, den Gedanken und den Händen unsere Ideen umsetzen. Hungrig sucht es ständig nach befriedigenden Erfahrungen und Beziehungen, die ihm Stabilität geben. Mit dem ICH können wir uns in Vorstellungen, Gedanken und Gefühlen selbst reflektieren, uns beobachtend beschreiben und uns dabei selbst erleben. Unsere ICH-Sichtweisen werden von unserer tiefer gelegenen Evolutionsebene erregt. Im erregten Tunnelblick werden die Lichtflüsse unserer Aufmerksamkeit gebündelt und zielgerichtet auf ein äußeres Objekt oder die Mitmenschen hin ausgerichtet. Die starken Erregungen unseres Tunnelblickes hemmen im Gehirn alle nicht zum Überleben nötigen Funktionen, weil sie uns in der Gefahr nichts nutzen. Dadurch ist alles auf unser Überleben, auf Flucht-, Angriff- und unsere Totstellreflexe hin ausgerichtet. Unsere sozialen Fähigkeiten, alternativen Sichtweisen und unsere Vernunft

werden dabei gehemmt. So werden wir vom EGO dominiert und kämpfen impulsiv und zielgerichtet. Dafür
braucht es aber auch Körperenergien – Zucker, der mit
Hilfe von Stress, Dopamin und Adrenalin in uns freigesetzt wird. Mit diesen Bewegungsenergien können wir
uns schützen und überleben. In unserem Körper erleben
wir uns verletzbar, weil wir ihn nicht aufteilen können,
wodurch sich unser Zeiterleben auch in verschiedene
Zeiträume aufteilt. Wieso aber? Weil wir mit dem Körper weder in die Zukunft, noch in unsere Vergangenheit
reisen können. Wir erleben uns in getrennten Erinne-
rungs- und Zukunftsblasen, in denen sich die Zeitflüsse
unsere Ideen-, Gedanken- und Gefühlsfelder in Entwe-
der/Oder und Ursache/Wirkungsräumen aufteilen. Aus
den Geistebenen steigen zugleich auch Inspirationsflüsse
in unsere Evolutionsebene empor, wo sie mit Gruppen-
oder Fortpflanzungsmotivationen verknüpft, erregt und
neu geprägt werden. Von dort steigen sie weiter hoch in
unsere Persönlichkeit. Verdichtet, erzeugen ihre Spannungen in unserem Körper Stress – Bewegungsenergien
zum Handeln. Vom ständigen Stress abgelenkt, können
wir, die aus der Seele aufgestiegenen sanften Liebes- und
Lichtflüsse unserer Inspirationen gar nicht wahrnehmen.
Wieso? Weil sie von Ängsten und Spannungen überdeckt
werden. Was heißt das? Obwohl wir die verdeckten Liebesflüsse nicht identifizieren können, sind sie trotzdem
in uns vorhanden. Sie bewegen uns und wollen von uns
ausgedrückt und geteilt werden. Darum lieben wir, bevor wir unsere Liebesgefühle überhaupt erkennen können. Wieso? Weil wir sie nicht beachten oder uns sogar
vor ihnen ängstigen. So projiziert das ICH meine Liebesgefühle zuerst auf die Freundin, die im Spiegel ihres

Lächelns auf mich zurückwirken. Im Herz berührt, fühle ich plötzlich, dass ich mich in sie verliebt habe.

In der Jugendzeit und als junge Erwachsene sind wir sehr nach außen hin ausgerichtet. Uns selbst behauptend, suchen wir eine Identität und Macht. In den Gemeinschaften lernen wir mit uns und Anderen umzugehen. Später heiraten viele. Die Familien helfen uns, unsere egoistischen Antriebe in dienende zu verwandeln. Irgendwann werden wir uns aber an unsere Seele erinnern und uns nach innen, zu ihr hin ausrichten. Erfreut wird die Seele auf unserer Aufmerksamkeit reagieren und aufleuchten. Mit dem Seelenlicht entspannt sich unsere Persönlichkeit. Sie wird durchlässig, so dass das seelisch-weiche Licht wieder in sie hineinfließen kann. In der Persönlichkeit vermischen sich unsere sanften, seelischen Schwingungen mit den spannungsvollen Schwingungsfeldern unserer Gedanken, Gefühle, Vorstellungen und Erinnerungen. Spannungsgeladene, frustrierte und aggressive Schwingungen verwandeln sich dadurch in Seelisch-Sanfte. Wir entspannen uns, was sich auch auf unsere Beziehungen auswirkt. Freunde, die uns wegen Zynismus und unserer Aggressivität verließen, kehren wieder zurück, was unser Selbstvertrauen stärkt. Unser Selbstwert steigt, wodurch wir auch auf Arbeit ausgeglichener und konzentrierter sind und Anerkennung finden. Nach innen, zu unserer Seele und der Liebe hin ausgerichtet, verwurzeln wir uns und finden in uns selbst wieder Heimat.

Viele nehmen aber das, was uns als geistige und körperliche Anlagen mitgegeben wurde, als etwas

Selbstverständliches. Wieso? Weil wir uns als selbst denkend und selbst handelnd erleben. Wir glauben für alles selbst verantwortlich zu sein. Dabei überfordern sich aber viele selbst, weil sie übersehen, dass sie vieles nicht in der Hand haben. Manches wird von außen kommen. So überwältigen uns im Alltag auch erregende und verwirrende Gefühle, die aus unserem Unterbewusstsein emporsteigen. Zugleich werden wir zwischen Gegensatzpaaren und Entweder/Oder Zuständen hin und her gerissen. Egal für was wir uns entscheiden, wir werden sofort von seinem Gegenteiligen, Unbefriedigten bedrängt. Darum erleben sich viele von uns als unvollständig, begrenzt oder gar minderwertig. Viele zweifeln an sich und glauben, dass sie im Alltag nicht genügen. Andere verdrängen mit zu hohen Anspruchshaltungen ihre Selbstzweifel und Minderwertigkeitsgefühle und überfordern sich dabei. In ihrem Inneren reiben sich, sich selbst überschätzende Persönlichkeitsanteile an Selbstzweifelnden. Dadurch entstehen in uns Menschen Spannungen, die uns ins Wirken drängen: Der Vater will für die Familie ein Haus bauen, umso Frieden und etwas Glück zu erschaffen. Sein Wunsch erzeugt Stress, weil ihr Erspartes für die Finanzierung kaum reicht. Seine Frau müsste arbeiten. Von Sehnsucht angetrieben, wird er zweifelnd zwischen Hoffnung, Euphorie und Depression hin und her gerissen. Wegen zu hohen Ansprüchen entstehen in seiner Familie Spannungen und ständige Streitereien. Doch zum Schluss wird ihre Vernunft siegen. Bescheiden, werden sie das zu große Hausprojekt aufgeben. Von der künftigen Schuldenlast befreit, wird die Familie sich wieder glücklich entfalten. Seine Frau wird ein Häuschen am Fluss finden, das sie für die

Ferien mieten werden. Sie werden am Feuer braten und ihren lachenden Kindern beim Spielen zu sehen.

In uns Menschen rufen unsere Entweder/Oder Entscheidungen auch Gefühle von Unvollständigkeit hervor. Wieso? Wenn wir uns für etwas entscheiden, wird das Abgelehnte in uns sofort unzufrieden werden. Wer Gutes wählt, bestätigt damit auch das Böse (Lao-Tse). Unsere Entscheidungsfindungen drängen uns aber dazu, zweifelnd nach innen zu blicken, umso neue Sichtweisen zu finden. Leider verwechseln wir dabei unsere Wünsche und Erwartungen oft mit dem Tatsächlichen. Darum deuten wir das Lachen des Freundes fälschlicherweise als Zustimmung. Solche Irrtümer und Fehler dienen aber auch unserer Entwicklung. Wieso? Wir sollten unsere Vorstellungen und uns erregenden Wünsche von den äußeren Realitäten unterscheiden lernen. Warum aber? Weil sie in uns Stress erzeugen und unsere Sichtweisen im erregten Tunnelblick einengen, wodurch sich nicht überlebenswichtigen Gehirnareale abschalten. Durch das Abschalten werden unsere sozialen Kompetenzen und die Vernunft gemindert werden. Das Ganze ist uns aber nicht bewusst. Wir sind daran nicht schuld. Wieso? Weil uns unsere dualistische Wahrnehmung von der Seelen-, Geist- und Körperstruktur vorgegeben wird. Darum folgen wir zuerst unseren instinktiven Überlebens- und Grundimpulsen von Lust und Unlust. Wir können gar nicht anders, weil es uns nicht recht bewusst ist. Darum ärgern wir uns bei Irrtümern und verurteilen uns oft sinnlos selbst. In der Schöpfung geht es jedoch nicht um Schuld und Strafe, sondern immer nur um Selbsterkenntnis um Vielfalt. So sollen wir uns im Spiegel der

Gemeinschaften selbst entdecken und erforschen. Nur so können wir uns unseren ausfilternden, einseitigen Blickwinkel und Vorstellungen bewusst werden. Umso mehr wir uns ihrer bewusst werden, desto stärker werden wir uns gegen unser duales Leiden auflehnen. Dadurch erkennen wir aber auch, dass die dualen und wechselwirkenden Gegensätze in unserem Inneren vielfältige Zustände und Qualitäten erschaffen. Diese Erkenntnis wird uns helfen, nach und nach Widersprüche und Selbstzweifel aufzulösen. So können wir uns nach innen ausrichten, um uns als Seele in der Liebe wieder zu erkennen, wodurch unsere Seele aufleuchten wird. Ihre tiefer gelegenen weichen Schwingungen werden sich oben mit unseren spannungsvollen ICH-Gedanken und Gefühlen vermischen. Wir werden uns entspannen und in unserer Seele wieder Wurzeln und Heimat finden. Indem wir uns als Seele erfassen, werden wir uns auch unserer spirituellen, religiös-transzendenten Fähigkeiten und Kräfte bewusst werden. So werden wir in uns auch neue Anlagen entdecken, die in unserer Seelen-, Geist- und Körperstruktur bereits angelegt waren. Ohne sie gäbe es auch keine Religionen. Wie komme ich darauf?

● Der sich in Allem selbst erschaffende Geist der Liebe hatte sich am Anfang mit seinem Bewusstsein und Licht zur Schöpfung verdichtet und sich in seine Seelen aufgeteilt. Darum ist die Liebe, mit ihrem Geist, Bewusstsein und Licht, zugleich unsere innerste Substanz, die alles in uns verbindet und vereint. Mit der Hilfe ihrer Seelen bekamen die Erfahrungen der vorangegangenen Schöpfung auch wieder Ausdruck und Wirkung. Darum sind die Seelen Gottesindividuationen der Liebe, die ewig leben.

- Da das Wort Gott durch die Kirchengeschichte, mit ihren Wissenschaftsunterdrückungen, Verfolgungen und Missbräuchen, sehr belastet ist, habe ich das Wort Gott kaum genutzt. Für mich steht es für das Mysterium, das in vielen aber auch Widerstände provoziert. Doch wir müssen ihre Anliegen und Argumente ernst nehmen, weil sie Recht haben, wenn sie sich auf blutige, unterdrückende und manipulierende Geschichten der Religionen beziehen. Darum versuche ich für Gott eine neue Sprache zu finden. So ist das Mysterium für mich, die uns alle lebende Liebe mit ihrer Schönheit und Schöpferkraft.

- Wir Menschen haben durch unsere Seelen alle einen Anteil an der Liebe. Die Liebe ist unser göttliches Wesen, das sich durch die geistigen, transzendenten, spirituellen Fähigkeiten und Anlagen unserer Seele ausdrückt. Darum sind wir in unserem religiös-spirituellen Ahnen, Denken und Fühlen auch frei und nicht von Religionen, Propheten und Aposteln abhängig.

- Die Religionen können uns Menschen aber helfen, uns unseren spirituellen Anlagen bewusst zu werden. Unsere seelisch-geistigen und transzendenten Anlagen und Fähigkeiten können aber auch ohne Religionen erweckt werden, da sie uns allen mitgegeben wurden. Ohne unsere spirituellen, seelischen und geistigen Anlagen gäbe es aber keine Religionen. Wieso? Weil wir Menschen ohne sie gar nicht spirituell-transzendent denken, fühlen und lieben könnten.

- Wir Menschen könnten göttliche Quellen der Liebe sein, durch die hindurch die Weisheiten und das Licht der Liebe in den Erdgeist hineinsprudeln. Unsere

seelisch-göttlichen Anlagen des Mitfühlens und Mit-
schwingens ermöglichen uns ein transzendentes, fein-
geistiges und kreatives Wahrnehmen, Unterscheiden
und Lieben. Im Erwachen werden wir uns als Teile
der Natur- und Schöpfungskreisläufe erleben. Wir
werden in ihnen universelle Urprinzipien entdecken,
die auch in den Pflanzen, Tieren und uns Menschen
wirken. Dadurch werden wir uns im Geiste mit Allem
verbunden fühlen und in unserer Seele wieder Heimat
finden.

Wir Menschen werden begreifen, dass wir der Liebe nichts geben müssen und uns dem Leben zuwenden
sollen. Mit unseren Erfahrungen nähren wir die Liebe
und die Schöpfung. Unsere Vielfalt ist die Vielfalt der
Liebe, die uns alle mit ihrem Einheitsgeist, Bewusstsein
und Licht durchdringt, uns dient und uns alle in sich vereint. Die Liebe ist unser aller Leben und Dasein, die Ur-
sache allen Seins, in dem wir Menschen uns in unserem Sein wahrnehmen. Nur durch unsere Seelen, unser
Leben und unser Sein können wir in der Liebe handeln
und erschaffen. Darum dürfen wir die Liebe mit der Ur-
mutter Schöpfung auch ehren, in deren Licht, Geist und
Bewusstsein wir einst als Seelen geboren wurden. Der
Geist der Liebe leuchtet in unseren Herzen und hüllt uns
warm ein. Unser Herz ist auch die Tür zu den Himmeln,
deren Licht und Liebe uns nähren. Wie könnte man aber
das Wesen der Liebe beschreiben?
- Die Liebe drückt sich durch das Leben und die Schönheit aus, die wir durch Wahrnehmung glücklich und
  liebend erleben. Sie ist die alles durchdringende, al-

les umhüllende Einheit, die uns in Prozessen und Metamorphosen erschuf und in uns wirkt.

- Wenn man sich von der Liebe abwendet, wendet man sich auch vom Leben ab. Man vertraut ihm nicht mehr und wird misstrauisch. So beginnt man auch an Allem zu zweifeln. Dadurch kommt es zu negativen Erwartungshaltungen, durch die man sich immer wieder in negativen Situationen und Beziehungen wiederfindet. Die eigene Negativität wird weiter bestätigt. Spätestens jetzt sind wir sicher, dass wir alle vom Leben betrogen wurden. Unbewusst haben wir angefangen gegen unser Leben zu kämpfen. Zwielichtiges und Künstliches reizt uns immer mehr. Glück wird in Unglück verwandelt und die Schönheit welkt im Leiden. Die Liebe wird durch unsere Verletzungen, Frustrationen und Wut in ihr Gegenteil verwandelt – in Selbstschädigendes.

- Die Liebe will sich durch das Leben und seine Körper ständig Ausdruck und Wirkung geben. Sie will durch uns hindurch berühren, sich verschmelzen und sich verwandeln. Sie gibt sich uns dienend hin, dass wir sie nutzen und formen. Sie will sich formen lassen, um sich in immer neuen Qualitäten und Zustände selbst zu erleben. Die Liebe will sich durch uns in den Gemeinschaften mit sich selbst verschmelzen.

- Die Liebe ist die Stille, das in Allem Ruhende, Ausgleichende und sich zugleich selbst Ausdrückende und sich Verkörpernde. Die Liebe ist die Schöpferkraft, die kollektive und individuelle Einheit und Vielfalt zugleich, die alles durchdringt und in sich vereint.

Mit Erfahrungen und unserer göttlichen, seelischen Verbundenheit können wir uns auch unserer geistigen Kräfte und Anlagen wieder neu bewusst werden, die nie verloren waren. Wir haben sie nur vergessen. Das Vergessen war aber nicht unser Fehler und auch nicht unsere Schuld. Die Begriffe von Schuld und Strafe dienten den Religionen nur als Machtinstrumente, mit denen sie ihre Gläubigen kleinhielten, um sie sich gefügig zu machen. Sie sollten sich schuldig fühlen, dass die Religionen sie mit ihren Angst- und Erlösungsversprechen führen konnten. Darum lehne ich die Konzepte der Erbsünde, der Strafe und der Hölle ab, weil sie in uns Menschen unbewusste, tiefe Ängste erzeugen, die uns unsere Glaubensfreiheit nehmen. Sie verschließen unsere Herzen. Unsere geistigen Herzen sind aber die Türen zu den Himmeln und zur Liebe. Wieso sollte die Liebe ihre Türen mit Angst verschließen? Liebe ist Licht, mit dem wir leben. Freiheit ist unser größtes Gut. So bin ich überzeugt, dass viele unbewusst durch Angst in ihren Glauben gezwungen wurden. Das würde aber zu tiefst dem göttlichen Gebot der Freiheit, der Gnade und der Liebe widersprechen. Die Angst vor der Hölle führte auf der Erde auch zu großen Manipulationen und Unterdrückungen, durch die sich viele Menschen zu Recht von den Religionen abwandten. Mit Hilfe von Gewalt, Zorn, Neid, Angst und Frustration haben wir aber die Macht, unsere Herzen selbst zu verschließen. Ich glaube, dass wir das auf der Erde Erlebte in unseren Erinnerungen mitnehmen werden, die nach dem Tod und später wieder auf der Erde unser Umfeld gestalten.

Da aber alles in die Vielfalt drängt, wird alles von der transzendenten Liebeskraft und dem sich in allem selbst erschaffenden Einheitsgeist der Vielfalt und der Evolution entwickelt werden. Ihre Kräfte sind Flüsse, die einst aus dem Lichtmeer kamen. Von ihnen inspiriert und geoffenbart entstehen in den Flüssen Seerosen – Reiche, Kulturen und Religionen, die wieder zerfallen und dadurch Neue erschaffen werden. Wenn eine Religion – Seerose, aber von sich behauptet, sie sei die Letzte, alleinig Vermittelnde, Absolute, dann irren sie sich, da die Seerosen von den Flüssen abhängig sind. Sie repräsentieren nur einzelne Wege in die Einheit zurück, so wie alle Flüsse ins Ur- und Lichtmeer zurückfließen werden. Darum widersprechen die Konzepte und Dogmen von Erbsünde, Strafe, Sünde und Schuld auch dem transzendenten Liebesfluss, da sie unsere geistigen Herzen einst verschlossen.

Göttliche Schuld und Strafe gibt es für mich nicht. Erkenntnis wird immer Schuldgefühle und Probleme auflösen.

Sie wird uns Menschen von falschen Abhängigkeiten befreien.
Darum besteht die Erkenntnis auch aus einer Gnadenkraft.

Auch wenn wir Menschen mit Schuldgefühlen reagieren und darunter leiden, werden wir doch erkennen, dass unsere Schuldgefühle sich aus einer Beteiligung am Leben entwickelten. Würden wir uns aber aus dem Leben und den Irrtümern herausziehen, hätten wir auch keine

Schuldgefühle mehr. Fern von Menschen, isoliert, würden wir vereinsamen und vielleicht sterben. Wir Menschen sind aber am Leben Beteiligte, die für die Gemeinschaften erschaffen wurden. Mit jedem Herzschlag werden wir vom Leben bewegt und können bewegt lieben. Das Leben lässt unsere Haare wachsen und um uns herum auch die Wiesen. Es bewegt uns mit Herzschlägen dazu, Fehler zu machen, um uns in den Gemeinschaften zu entwickeln und Vielfalt zu erschaffen. Die Naturkreisläufe nähren uns Menschen mit Nahrung und die Mitmenschen uns mit Erfahrungen. Durch unsere Abhängigkeiten sind wir aber fehlerhafte und unzulängliche Beteiligte. Was aber ist der Sinn unserer Fehlerhaftigkeit? Unsere Fehlerhaftigkeit ist ein Teil unserer geistigen Anlage, die uns mitgegeben wurde. Wir sollen uns durch unsere Irrtümer und Fehler weiter entwickeln, umso Grenzen zu überschreiten, unser Bewusstsein zu erweitern und Selbsterkenntnis zu erlangen. Durch unsere Fehler werden in uns auch Auflösungs-, Ordnungs- und Formkräfte provoziert, die aus Altem ständig Neues erschaffen werden. Wegen unserer Fehler zweifeln wir Menschen oft an uns selbst, wodurch wir in unserem Inneren oft auch Neues entdecken. Von Fehlern und Irrtümern gedrängt, werden wir versuchen sie zu überwinden. Zugleich werden wir durch die sozialen Werkzeuge der Liebe, der Arbeit und des Essens, zusammengeführt werden. Von den sozialen Werkzeugen gedrängt, werden wir lernen Beziehungen zu führen, um uns im Spiegel der Mitmenschen selbst zu erkennen. Dadurch werden wir auch lernen „Mensch zu werden", fremde Hilfe anzunehmen und den Anderen wieder zu vertrauen. So erschuf uns die Liebe, mit Atomen und Galaxien. Trotz unserer Unzulänglichkeit und Fehler werden wir von ihr immer geliebt und genährt. Sonst wären wir nicht. Nur durch unser Sein, können wir handeln und erschaffen.

Gestern reiste ich nach Hamburg, meinen Vater zu besuchen. Landschaften schossen an mir vorüber als ich sie im Zeittunnel des Zuges durchquerte. Mein Vater holte mich vom Bahnhof Altona ab. Das Leben hatte ihn gekrümmt. So stand er nun mit seinem Stock da und wartete. Wir umarmten uns freudig und berührt. Er wollte mir etwas Besonderes zeigen. Nach einer kurzen Autofahrt saßen wir hinter dem Fenster einer Terrasse. Unten im Hafen hüllte der kalte Nebel die schwankenden Schiffe ein. Die Wolken hingen tief während Roboter die Container zwischen hohen Lastkränen hin und her fuhren. Obwohl mein Vater schön blieb, zeichnete das Alter unerbittlich Furchen in sein Gesicht, mit denen es sein Wesen betonte. Früher sprach man über das Alter und plötzlich ist es zu einer bitteren Realität geworden. Die Zeit fließt unaufhaltsam und mit ihr unsere Lebenszeit. Wie lange werde ich meinen Vater noch treffen können, bis uns das Leben wieder voneinander trennt. Der Gedanke macht mir Angst. Er bedrückt mich und löst eine sanfte Melancholie aus. Plötzlich spüre ich Liebe, eine Liebe die unser Zusammensein festhalten will. Obwohl wir all die Jahre meist über Beruf, Geschäftliches und leider kaum über Persönliches sprachen, hatte sich ein tiefes Gefühl der Liebe zwischen uns entwickelt. Unsere Sprachlosigkeit war eine nicht fassbare, unsichtbare Mauer, die zwischen uns Beiden stand. Sie ängstigte uns. Wir getrauten uns nicht recht über uns zu sprechen und litten darunter. Wir versuchten sie zu überwinden. Sicher hatte meine Jugendzeit mit dem Alkohol beim Bau der Mauer mitgeholfen. Wie mein Vater damals in der Zürcher Altstadt umherirrte und abends nach mir suchte. Nach einem Selbstmordversuch lag ich als Jugendlicher, von Medikamenten benebelt, im Spital. Meine Eltern besuchten mich. Voller Scham sagte ich ihnen, dass ich von zu Hause ausziehen wolle. Verwirrt, verunsichert, verletzte ich meine Eltern zu tiefst, als sie neben meinem Bett saßen. Das Ganze tut mir heute leid. Schuld daran waren nicht meine Eltern sondern jemand anders. Mein Vater wollte mir Jahre später weiterhelfen, indem er mich in sein Geschäft nahm. Ich war aufsässig, von einem Lehrer falsch geprägt und traute dieser Geschäftswelt nicht. Auch gab es Konflikte mit meinem konkurrierenden Cousin, der schon sehr lange bei meinem Vater arbeitete. Heute, nach dem Tod meiner Mutter, kann ich seine Freundin nicht akzeptieren. Trotzdem erwuchs die letzten Jahre zwischen uns eine wortlose, vergebende Liebe. Ich hätte mir auch gewünscht, dass dies früher mit meiner Mutter möglich gewesen wäre. Umso grausamer erschien mir plötzlich die Lebenszeit, die uns unerbittlich zum Tod drängt. Früher sprach man von ihm, machte sich Gedanken über Alter und Tod. Doch plötzlich wird er zur unerbittlichen Wirklichkeit. Auch bei mir selbst spüre ich die Veränderungen meines Körpers. Das Alter macht auch bei mir nicht halt. Meine Beweglichkeit hat abgenommen. Ich sehe älter aus, als ich mich fühle. Ich kenne doch diese Gedanken von meiner Großmutter. Doch plötzlich sind sie unwiderrufliche Wirklichkeit geworden. Der Lebensfluss scheint immer schneller zu fließen, auch wenn die mechanische Zeit der Uhren immer gleich tickt. So viel möchte ich noch machen, werde ich es schaffen? Es macht mir plötzlich Angst. Ich gebe es zu. Sehe meinen Vater an, wie er mich anblickt. Meine Mutter und er wollten immer das Beste für uns. Dafür verbargen sie vor uns ihre Ängste, Unsicherheiten und Verletzbarkeiten. So wie sie damals waren, bin ich heute, genauso unfertig, fehlerhaft und verletzlich. Es hilft mir heute sie als Menschen und weniger als Eltern zu sehen. Ich blicke meinen Vater an. Wie oft werden wir uns noch sehen? Die Liebe und das Leben werden plötzlich wichtig. Sie gewinnen an Wert. Ist das der Sinn des Alters? Durch die Schwächung und Erstarrung des Körpers werden unsere Blicke nach innen gerichtet, um nach dem Wert des Lebens zu fragen. Wieso erwachen in den alten Menschen ihre Jugenderinnerungen? Ich glaube, sie geben ihnen so die große Chance ihr Unverarbeitetes, Vergangenes und Offengebliebenes zu verarbeiten, um Frieden mit sich selbst und Anderen zu schließen. Bei solchen Gedanken staune ich über die Weisheit der Liebe und des Lebens, wie sie gemeinsam, unsichtbar zu unserem Besten wirken.

Leben und Liebe sind aber auch anarchisch. Sie lassen die Blumen wachsen, bis sie wieder verwelken. Ihre Form wird zerstört, umso ihre Samen zu befreien, aus denen später neue Früchte wachsen. So ist es auch mit den Körpern und unseren Gedanken, die wir aussprechen und gemeinsam teilen. Erfahrungen drängen aus unseren Vorstellungen hinaus, wollen sich befreien, berühren, sich vervielfältigen, um in ihren einstigen Urzustand zurückzukehren. Weil alles im Wachsen ist, sich entwickelt, werden auch die Räume gedrängt in ihren Urzustand der Ewigkeit zurückzukehren. Dorthin wo ihre Erfahrungen – befreit und formlos, im Geist der Liebe schweben und dort allen Seelen wieder zur Verfügung stehen. Von ihnen gerufen, tauchen die Erfahrungen – in Bildern verpackt, in unseren Seelen auf, um durch uns wieder Ausdruck und Wirkung zu kriegen. So wiederholt, verwandelt und entwickelt sich alles in ewigen Kreisläufen durch die geistigen, materiellen und physischen Ebenen hindurch. Alles entsteht und alles löst sich wieder auf, um sich neu erschaffen. Zugleich wächst das Leben auch durch uns hindurch. Es regeneriert jede Nacht unsere Zellen und baut uns siebenmal im Leben komplett um. Darum sind wir nicht mehr die, die wir früher waren. Wir spüren es nicht, doch es geschieht in uns. Alles in uns und um uns herum ist in Bewegung, in Veränderung und deshalb vergänglich. Wir selbst sind vergänglich. Alles ist abhängig und verändert sich ständig. Das macht uns Angst, weil wir uns nur als Körper erfassen können. Eine feste Form ist aber statisch und starr. Das Leben dagegen wächst dauernd durch uns hindurch. Es wärmt uns und lässt uns schwitzen. Es sprudelt in uns wie ein Springbrunnen. Von Inspirationen bewegt, sprudeln wir. Unser Wasser ist Geist, Licht, Liebe und Leben, die durch uns hindurchfließen. Das macht uns aber oft Angst, weil es unsere Ordnung, alles Feste, alle Überzeugungen und Konzepte durch Inspirationen immer wieder in Frage stellt. Es verändert uns und stellt unsere eigenen Scheinsicherheiten und Gewohnheiten in Frage. Doch wir wehren uns gegen diese uns auflösenden, uns entwickelnden und uns stetig verändernden Energien. Wir suchen Ordnung, um sie zu kanalisieren. Die Ordnung drängt aber ins Feste und Statische. Unser Ordnungssinn kämpft gegen das anarchische Wachstum des Lebens und der Liebe an, die sich immer neue Formen geben wollen, um sich neu zu erleben und auszudrücken. Darum sehnen wir uns auch oft nach Ruhe. Was aber wäre die Konsequenz unseres Wunsches? Stillstand, Abkühlung, Vereisung und Tod alles Lebendigen. Wenn es keine Bewegungen und keinen Austausch von Nahrung, Informationen, Gütern und den Elementen mehr geben würde, würden wir alle sterben. Darum sind die Grenzen auch durchlässig und alle Räume in einem Gemeinsamen verbunden. Was wäre aber außerhalb von diesem Raum, wo es überhaupt nichts mehr gäbe. Was wäre das alle Räume Durchdringende und sie in sich Verbindende? Es wäre die Ewigkeit, die Liebe, mit ihrem ewigen Geist, Licht und Bewusstsein, die sich einst in ihre Räume und Seelen aufteilten, um Vielfalt zu erschaffen. So erschufen sie sich durch die Natur zugleich auch in uns. Unsere Knochen und die Steine bestehen aus Kalzium, Phosphaten und Silizium. Unser Wasser ist das Wasser der Meere. Wir schwammen einst in den Bäuchen unserer Mütter wie die Fische im Meer. Wir krochen, wie die Tiere am Boden. So besteht Alles aus Allem, ist gleichwertig und dienend. Alles lebt in Allem und durch alles hindurch. Auch unsere Knochen wachsen nicht mehr; dafür fließt das Wasser des Geistes durch unsere Gedanken, Gefühle und Worte hindurch in die Gemeinschaften. So sprudeln wir wie Springbrunnen für das Wasser des Lebens. Doch zum Schluss fließen alle Flüsse zurück ins Lichtmeer der Liebe, das uns alle unsichtbar durchdringt und nährt.

Die Vögel zwitscherten. Stumm, vom Leben berührt, saßen wir auf der Terrasse. Die Luft war feucht und kühl und wir in Decken eingehüllt. Mein Vater war kurz eingenickt. Ich genoss es, konnte mich loslassen, meine Gedanken ziehen lassen. Die Wolken lichteten sich. Wird die Sonne heute noch scheinen? Schön wäre es, wenn das spiegelnde Grau dem leuchtenden Grün der Wiesen und Himmelblau des Wassers weichen würde. Mein Vater erschrak kurz, als er plötzlich erwachte. Verdutzt, sich entschuldigend, blickte er mich an. Wir lächelten. Hinter unseren Worten, im Spiegel unserer Augen, berührte die Liebe unsichtbar unsere Herzen. Obwohl sie nicht beschreibbar ist, berührt die Liebe uns alle. Wir kennen sie, sehnen uns nach ihr und glauben sie zu kennen. Wenn wir sie aber fühlen, wollen wir sie festhalten. Stattdessen springt sie uns – wie ein glitschiger Fisch, aus der Hand. Man kann sie nicht festhalten, weil sie sich ständig an unsere Gefühle und Vorstellungen anpasst und sich von ihnen verwandeln lässt. Zugleich drängt sie uns in die Gemeinschaften, um in uns Erfahrungen zu sammeln und sich in den Qualitäten und Zuständen unserer Seelen zu erleben. Durch das Leben drückt sich die Liebe in uns allen aus und lässt unsere Herzen schlagen. So ist die Liebe der Ausdruck unseres inneren Wesens, das uns erleuchtet und bewegt. Von ihm bewegt, reagieren wir mit unserer Gesichtsmimik, in der sich die Qualitäten und Zustände unserer inneren und äußeren Beziehungen und Erfahrungen spiegeln. Gemeinsam schwimmen wir in ihren entgegengesetzten Erfahrungsflüssen, die in unserem Inneren aufeinander reagieren, sich verschmelzen und uns bewegen. Würden wir gegen sie schwimmen, würden wir uns erschöpfen und ertrinken. Doch mit der Liebe und dem Leben fließend, unserem Unbekannten vertrauend, ist es ein Genuss, weil sie uns in immer neue

Erlebnisräume tragen. Können wir uns aber loslassen, uns der Liebe und dem Leben hingeben, dann bräuchten wir kaum Kraft, da wir von ihrer Kraft bewegt werden. Wenn wir uns entspannen, stehen uns viele Möglichkeiten offen. Doch verkrampft, schränken wir unsere Bewegungsmöglichkeiten ein und erschöpfen uns dabei. Die Liebe dagegen will uns berühren. Sie schlägt mit dem Leben unsere Herzen und erleuchtet unsere Wesen. Sie gibt uns mit ihrem Licht unseren Ausdruck, nährt und führt uns.

Gestern Abend war ich aus Hamburg zurückgekehrt. Nun sitzen wir hier im Park. Ich blicke dich an, wie du mir gegenüber am Tisch sitzt. Der Himmel umhüllt die Dächer von Berlin wie eine blaue Kuppel. Wir lachen, genießen unsere warmen Cafés. Vögel kreischen, suchen nach Futter. Kinder streiten auf der Wiese um ihr Spielzeug. Pflanzen, Bäume – noch in sich gekehrt, warten auf den Frühling das Leben und das Sonnenlicht, das alles öffnet, bewegt und sie sich entfalten lässt. Hinter der Scheibe ist es warm. Genug haben wir vom Winter. Ich blicke dich an. Was liebe ich eigentlich an dir, was berührt mich? Ich mag deine zarte Stimme und Finger, die deiner Empfindsamkeit und Sensibilität Ausdruck verleihen. Dein Spontanes, das dich oft wie ein Kristall aus der Fassung des Ringes drängt, dein Wesen sich zeigt. Wie du dich begeistern kannst, deine Kraft spürst. Wie du mich gefragt hast, ob du verkrampft warst. Du hättest dich viel besser gefühlt – zarte Verletzlichkeit und Unsicherheiten deiner Frage berührten mich. Wie du mich mit deinen Zweifeln, Hoffnungen und deinen Sehnsüchten, die hinter deinem Alltäglichen verborgen liegen, nicht belasten willst. Ich liebe deine Sinnlichkeit, dein Zittern, wenn du dich an mich schmiegst…

Was geschieht aber, wenn wir uns verlieben, außer das in uns Stresshormone und Endorphine fließen? Wenn ich mich als Mann verliebe, werde ich mich mit den guten Qualitäten der Freundin identifizieren, umso störende Eigenschaften auszufiltern. Mit der Lupe meiner Aufmerksamkeit vergrößere ich ihre geliebten Eigenschaften, um sie zu verstärken und mit meinen sexuellen Triebwünschen zu erregen. Meine Freundin wird für mich die Schönste aller Frau sein. Leider wird mein Begehren durch das Prinzip der Gewöhnung verringert werden, weil es meine Erregungen ausgleichen wird. Die Gewöhnung wird mich aber auch aus meiner Fixierung und dem spannungsvollen, begehrenden Tunnelblick befreien. Die kurz zuvor ausgefilterten, störenden Eigenschaften meiner Freundin werden wieder integriert. Plötzlich ernüchtert, werde ich meine Freundin von neuem entdecken und sie als Mensch sehen. Dadurch können wir beide lernen, unsere Selbsttäuschungen und Irrungen achtsam zu überwinden, um eine neue Basis zu finden.

So lieben wir an den Partnern gewisse Qualitäten: Ihre Zuverlässigkeit, dass er Einer für den Anderen da ist, wenn man ihn braucht. Nachfragt, wie es geht. Das er unterstützt, nicht drängt und man sich anlehnen kann. Das man daneben, ängstlich und zweifelnd sein kann, ohne von ihr verstoßen zu werden. Ist das Liebe? Oder erschaffen wir ein Feld, indem Liebe und Vertrauen erst möglich werden? Kann sich Gemeinschaft nicht auch aus einem Zweck und gemeinsamen Interessen heraus entwickeln? Wir sind von romantischen Bildern der Liebe geprägt, andere Kulturen dagegen kennen Zweckgemeinschaften. Königskinder wurden verheiratet, um Frieden und Macht zu sichern. Die Eltern schauen auf den Ruf der anderen Familie, ob er gut ist und der junge Mann in der Gesellschaft etwas darstellt. Um dadurch das Handwerk und das Finanzielle des Mannes, die Sicherheit der Familie und damit das Alter ihrer Eltern abzusichern. Auch das kann später zur Liebe führen, indem man zusammen macht, erschafft und gemeinsam den Alltag teilt. Man geht davon aus, dass die Liebe sich entwickeln wird. So werden die Kinder oft zur Altersvorsorge oder zum Prestige – wenn es Jungen sind. Früher hatten die Männer nach außen hin die Liebe, die Religionen, Kulturen und Gesellschaften dominiert, verfälscht und das Weibliche jahrhundertlang unterdrückt. War dies aber einst der Sinn der Sache? Nein, wir Männer und Frauen entstanden aus der *„Substanz Mensch"*, die sich durch die Kinder vervielfältigte, nuancierte und individualisierte. Wir Männer und Frauen sind eine Einheit. Wir drücken Einheit und Vielfalt aus – zwei spanungsgeladene Pole, zwischen denen Qualitäten, Zustände und Vielfalt entstehen, die wir entdecken können. Wir sollten uns gegenseitig dienen, dem Anderen zu seinem höchsten Wohl verhelfen. Durch die Männlich dominierten Verfälschungen entstanden aber auch Ungleichgewichte, Spannungen und falsche Werte, die uns prägten. Wir empfinden sie heute als normal. Es ist einfach so, weil es immer so gemacht wurde und das Falsche nicht korrigiert wurde. Oft spricht man von alten Traditionen und ist stolz auf sie, weil sie Verhalten und Sitten Rahmen und Orientierung geben, die ein vernünftiges Miteinander ermöglichen. Sind das etwa Formen der Liebe? Oder sprechen wir über Qualitäten, Zustände, Verhalten und Orientierungen, die geistige Felder der Liebe entstehen lassen? Gemeinsam ist ihnen, dass sie Rahmen bilden, um Zuständen und Qualitäten Dauer zu geben, in denen sich die Liebe verkörpern, wirken und sich ausdrücken kann?

Doch wie ist es, wenn das Ganze nicht mehr klappt? Oft müssen die Kinder dafür herhalten. Auch wenn dies vernünftig erscheint, kann es für sie zu einer Qual werden. Kinder werden oft dazu benutzt, Beziehungsgräben wieder aufzufüllen, umso Eigentum und Wohlstand zu erhalten. Meist klappt dies aber nicht. In guter Absicht oder aus Feigheit quälen sich die Partner jahrelang und belasten damit ihre Kinder, die oft daran Schaden nehmen. So kann die Liebe auch ständig in ihr Gegenteil verwandelt werden. Das Leben entwickelt uns, egal wie wir uns verhalten. Zugleich kann auch das Leiden in Glück verwandelt werden. Liebe, Qualität und Schönheit sind nie von Geld, Stand und Beruf abhängig, da sie uns uns allen gegeben wurden, sie unser Wesen und Sein sind. Wir können sie überall entdecken. Dafür müssen wir uns nur von uns selbst „trennen", uns leer machen, um zu empfangen. Unsere Vorstellungen und Ideen können wir für Momente loslassen, die wir wie Kondome über uns stülpten und durch sie hindurch die Welt betrachten. Wir können uns zu jeder Zeit für das Leben und die Liebe entscheiden und uns öffnen. Besonders wenn wir erkennen, dass die Realitäten unserer Vorstellungen oft nicht der Wirklichkeit und nicht unseren Beziehungen entsprechen. Wir dürfen erkennen, dass wir uns selbst meist nur beschränkt und zu reduziert wahrnehmen. Manchmal ahnen wir gar nicht, für was wir geliebt werden, besonders wenn wir uns selbst mies und ungut fühlen. Unzulänglich, arbeitslos oder mit zu dicken Bauch, können wir Vielem nicht entsprechen. Viele können sich gar nicht mehr vorstellen, geliebt zu werden. Trotzdem tun wir viel dafür, füttern die Fitnessstudios, Bars und Singlebörsen mit unseren Energien und die Kosmetikkonzerne mit unserem Geld. Weil wir viel tun, entstehen in uns auch große Anspruchshaltungen, die von unseren Partnern aber oft nicht erfüllt werden. Frustrationen und Enttäuschungen entstehen, die sich zugleich auch mit unseren Anspruchshaltungen vermischen. So glauben wir, dass wir uns wegen einer einstigen Liebesverletzung für immer schützen müssen. Damit belasten und überfordern wir den Partner, indem wir von ihm Beweise verlangen. Wir merken jedoch, dass etwas in uns nicht stimmt, was in uns noch zusätzliche Schuldgefühle und Spannungen erschafft. Beschämt ziehen wir uns in uns selbst zurück und beginnen noch mehr zu machen. Wollen den Partner nach unseren Wünschen verändern, von ihm geliebt werden und Anerkennungen bekommen, was meist nicht klappt. So müssen wir uns über die Kriegsfelder und Zerrüttung der Liebe nicht wundern, die wir alle gemeinsam erschaffen.

Gestern Rolle vorwärts beim Kampfsport – Knacks. Sitze beim Arzt und warte aufs Röntgen. Verdacht auf Rippenbruch. Das Wartezimmer ist steril. Ich nehme mir aus dem Automaten Café. Nach über einer Stunde werde ich zur Untersuchung geführt. Ich setze mich aufs Bett,

Blutdruck wird mir genommen. Die drei jungen Schwestern sind sehr nett, wollen mich beruhigen. Nach einem kurzen Gespräch gehen sie. Auf den Tischen liegen blank, sauber und steril Diagnoseapparate, Verbandskästen und ein alter Computer. Nach einer halben Stunde, etwas müde, mache ich es mir auf dem Bett bequem. Ob die Idee des Arztes gut war, auf die Rettungsstation im Spital zu gehen? Ich nicke etwas ein. Als ich aufwache werde ich unruhig. Zwei Stunden waren vergangen. Etwas Ungehalten wende ich mich an die Sekretärin. Ich soll warten. Der Arzt ist alleine auf der Chirurgiestation. Ich kehre zurück und nehme mein Tablet aus der Tasche. Etwas verärgert versuche ich über die Liebe zu schreiben, über das, was unser Herz schneller schlagen lässt, wenn wir verliebt sind, in die Augen eines Kindes oder jungen Tieres blicken. Von der Schönheit der Natur berührt, vergessen wir oft für Momente den Alltag, der uns so sehr beschäftigt hat. Die Kraft der Liebe lässt vor unserem inneren Auge alles leuchten. Um uns herum scheint alles zu pulsieren. Von innen drängt uns die Liebe, die unsere Selbstbilder und Limitierungen verrückt. Unser liebendes Feld umhüllt uns sanft, wenn wir Arm in Arm durch den Park laufen. Alles scheint möglich. So schlägt die Liebe sanft mit dem Leben unser aller Herzen. Die Farben und Düfte der Pflanzen strahlen intensiv. Plötzlich sind wir wach. Das Leben hat uns berührt. Hatten wir vorher geschlafen? Hatten wir bei der Arbeit und im Alltag geschlafen? Ohne es selbst zu merken, befanden wir uns in den gläsernen Räumen unserer Gedanken und Gefühle, durchschritten hinter Fenstern des ICHs unsere Ideen und blickten in die Welt hinaus. Plötzlich in der Liebe erwacht, fließt es und pulsiert. Alles hat seine

Richtigkeit. Wir können uns das Alltägliche, uns Been-
gende und Bedrückende, kaum mehr vorstellen. So normal erscheint uns der liebende, erwachte Zustand. Für
immer, wollen wir in ihm verharren. Für immer möchte
ich das Glück deiner weichen Lippen, wenn du dich an
mich schmiegst, wir uns wollen. Unsere Kleider fallen
lassend, schmiege ich mich an dich, in deine herrlichen,
weichen Brüste. Du umfasst ihn, führst in ein. Dringe
in deine feuchte Wärme ein. Dein Geruch, Zittern und
heftiges Atmen erregen mich. Explodierend, uns auflö-
send, bricht mein Nervensystem für einen Moment zusammen. Wir lassen los, versinken, lösen uns auf und
verströmen in sanfter Wärme. Aufgelöst Raum und Zeit,
treiben wir im unfassbaren Schönen. Deine zarten Finger holen mich wieder zurück in den Körper. Dein Atem
wird ruhiger. Streiche ich über deine feuchte, leuchtende
Haut…

Gerade weil die Liebe so schön und befreiend ist,
erleben wir uns oft unfrei, in uns selbst gefangen. Von
Gewohnheiten und unserem Körper begrenzt, liegt der
Bahnhof unserer Möglichkeiten direkt vor uns. Wir müssten uns nur verändern, unsere Trägheit und die Angst vor
der eigenen Vielfalt überwinden. Direkt vor uns steht der
neue Zug, mit schönem, stoffbespannten Abteil. Kunst-
voll mit Holz und Lampen ist er eingerichtet, um es uns
gemütlich zu machen. Auch ein Kellner mit Uniform
wartet. Alles ist für uns vorbereit. Dürfen wir wirklich
einsteigen? Eigentlich wissen wir, wohin es uns von innen drängt, welchen Zug wir nehmen müssten. Zugleich
sind da aber noch unsere Bequemlichkeiten und Sicher-
heiten, unsere Wohnung, Freunde und die Partnerin. Die

Arbeit befriedigt uns nicht mehr, doch gibt sie uns Struktur und monatlich unser Gehalt. Lieben wir den Partner noch oder gibt er uns nur unseren Halt, das Gewohnte und ein Gefühl von Zuhause? Doch auch eingestiegen, würde der Zug auf den Gleisen unsere Gewohnheiten weiterfahren. Egal, wo wir hinfahren, ständig würden wir uns in unseren Gewohnheiten und Zwängen wiederfinden, die uns denken lassen und unsere Beziehungen mitgestalten. Doch erst wenn wir uns unseren reflexartigen Impulsen, Gewohnheiten und inneren Haltungen bewusst werden, die unsere Wahrnehmung dominieren, uns denken und fühlen lassen, werden wir dahinter unser Schöpferisches finden. Nur so werden wir hinter den Spannungen des Alltags, unsere Gefühle wiederfinden. Uns dem Lärm unserer Gedanken bewusst werden, der die Stimme unseres Herzens verdeckt. So ist das Verharren im Herzen sehr wichtig, da in ihm das Zentrum unserer Seele ist, aus der das Licht der Liebe hineinfließt. Es wärmt, erleuchtet und zentriert uns und gleicht vieles aus. Durch unser inneres Licht der Seele und der Liebe finden wir in uns eine weiche, warme Ruhe, die mit weichen Gefühlen und Inspirationen in uns fließt und uns vom Herzen her umhüllt und nährt.

So glaube ich, dass es einer starken Erregung bedarf, die die Gefühle von Wut, Trauer und Frustrationen in impulsive Spannungen verwandelt. Wie? Indem wir die Erregungen in den Gefühlen beobachten und empfinden, verstärken wir ihre Spannungen. Wieso ist das wichtig? Erst bei einem erhöhten Spannungsgrad werden unsere Stress-, Schutz-, Abwehr- und Suchtverhalten aktiviert. Darum braucht es auch eine sehr hohe Erregung, die die Handlungs-, Gedanken- und Gefühlskreisläufe in den Reflexen unserer Abwehr-, Schmerz-, Neurose- und Suchtverhalten aktiviert. Einmal aktiviert, können sie mit ihren Trieben gute Absichten innert Sekunden umdrehen: Ein Mann will nie mehr trinken. Er ist davon überzeugt. Zugleich nagt in seinem Inneren ein ungelöster Streit, für den er sich morgenfrüh rechtfertigen muss. Er startet sein Auto und will losfahren. Plötzlich knallt es. Ein Wagen rammt ihn von rechts. Völlig überrumpelt, wird er vom Fahrer beschimpft. Zu seinem Glück ist ein Polizist da, der ihm hilft. Später wartet er noch immer erregt auf den Bus, der Verspätung hat. Auf der anderen Straßenseite sieht er seine Stammkneipe. Ein Kaffee wird gehen, sagt er sich. Als er wie gewohnt in seiner Ecke Platz nahm, roch er schon den ihm bekannten, abgestandenen Zigaretten- und Biergeruch. Er fühlt sich zu Hause. Mitternachts taumelt er besoffen heraus. Rückfall!

Im Menschen laufen seine assoziativen und reflexartigen Handlungskreisläufe unbewusst und blitzschnell ab. Sie übermannen ihn. Zugleich wird seine Seele, mit dem Höheren Selbst über ihn wachen, ihn führen und manchmal auch für ihn entscheiden. Viele, die sich ständig selbst behaupten müssen, sind damit aber nicht einverstanden, weil ihnen misstrauisch die Hingabe fehlt. Wenn der Alkoholiker aber noch zu stark an seinen Willen glaubt, den Alkohol zu kontrollieren glaubt, werden ihn seine inneren Lehrer vielleicht nochmal in einen Rückfall führen. So werden wir zwischen der tieferen Stimme unseres Höheren Selbst und unseren Gewohnheits-, Sucht- und ICH-Gedanken hin und her gerissen. Leider entscheiden wir uns meist gegen unsere innere Führung. Oft bereuen wir es. Wieso? Unsere inneren Lehrer werden unsere nahe Zukunft differenzierter einschätzen können als wir selbst. Wieso? Weil unsere oberflächlichen Gedanken, Gefühle und Sichtweisen oft von zu verengten, kurzfristigen Wünschen dominiert werden. Besonders bei Süchtigen ist das ausgeprägt. Dagegen wären die aus der Tiefe sich uns offenbarenden, intuitiven Ahnungen oft richtig. Viele Süchtige haben sich aber von ihnen abgeschnitten. Wie? Ihre Persönlichkeit hatte sich einst durch ihre Verletzungen in der Seele wie eine Raupe einkokoniert. Um ihre Verletzungen zu ertragen, verdrängten sie sie in ihr Unterbewusstsein und überdeckten sie mit einer Leere, die sie heute ängstigt. Mit dem Alkohol hatten sie einen falschen Weg gefunden ihrer Angst, Leere und Minderwertigkeitsgefühlen zu entgehen, indem sie sie mit ihrer Suchtpersönlichkeit verdeckten und dadurch verstärkten. Ihre süchtigen ICH-Anteile nutzen nun ihre ICH-Gedanken, Gefühle und Nahrungstriebe der Evolution, um durch sie neuen Alkohol zu bekommen, indem sie sie zum Trinken animieren.

So können die Menschen auch zu Gefangenen ihrer negativen Beziehungen, Krankheiten und Suchtverhalten werden. Viele wollen aber aus ihren zwanghaften Gewohnheiten aussteigen. Leider schaffen es nur Wenige, weil sie unter seelischem Licht-, Liebes- und Energiemangel leiden. Ihre ständig, wiederholten negativ-selbstschädigenden Gedanken, Gespräche und Handlungen rauben ihnen ihre Energien. Wieso aber? Weil ihre Gedanken von Abwehr-, Suchtprogrammen und verdeckten, nicht verarbeitenden Verletzungen dominiert werden. So wird der Mann sein Alkoholproblem immer deutlicher erkennen und versuchen kontrolliert zu trinken, wodurch er seine Sucht noch verstärken wird. Wieso wird er seine süchtigen Gewohnheiten nicht durchbrechen können?

- Verdrängte Verletzungen verkrampfen ihn und erzeugen in ihm chronischen Stress und ständige, starke Spannungen. Er erschöpft sich durch seine Abwehr, die seine Lebens-, Liebesflüsse und damit seine Lebendigkeit blockiert, wodurch Minderwertigkeitsgefühle entstehen. Er fühlt sich unfrei, gehemmt und blockiert. So versuchen sich viele aufgebläht und maskenhaft zu profilieren.
- Vielen fehlen geistige Energien und Liebe, die ihre emotionalen Batterien aufladen würden.
- Der Mann will aufhören zu trinken, doch seine jungen, unerfahrenen ICH-Gedanken werden dafür zu schwach sein, weil sie von seinen verdrängten, verletzten Anteilen dominiert werden.
- Seine tiefer gelegenen, in vielen Leben gebrauchten Gedanken des Geistes sind dagegen stark. Mit der Kraft seines Geistes könnte der Mann auch aufhören zu trinken.
- In Selbsthilfegruppen der Anonymen Alkoholiker (AA) wird er später lernen über sich selbst zu sprechen. Im Erfahrungsspiegel der Freunde wird er sich seiner Höheren Führung der Seele gewahr werden.

So wird der Alkoholiker später vor seiner Sucht kapitulieren und lernen, sich der Höheren Macht der Liebe und seiner Seele hinzugeben. Obwohl viele nicht mehr an ihn glaubten und man ihn aufgab, wird das geschehen, was niemand mehr für möglich hielt:

Er wird aufhören zu trinken,
wie es schon Tausende vor ihm geschafft hatten.

Für die Liebe ist es wichtig, in seiner goldenen Mitte des Herzens zu leben oder immer wieder schnell mit der Aufmerksamkeit in sein Herz zurückzukehren. Wieso? Die sinnlichen Flüsse der Liebe, mit ihren Inspirationen, brauchen einen bestimmten Grad von Entspannung. Wieso? Die Entspannung wirkt beruhigend auf die Muskeln und öffnet die Blut- und Energiekanäle. Blut fließt durch die Muskeln, die sich dadurch entspannen und schwer werden. Wenn wir uns nun auf unser Herz konzentrieren, ruhig in ihm verharren, tief atmen, loslassen und uns entspannen, fühlen wir mit der Zeit ein zusätzlich ein warmes, geistiges- sinnliches Fließen, das uns einhüllt. Wieso? Mit dem Licht der Aufmerksamkeit und unserer Wertschätzung wird unser Herz aufleuchten. Es wird vom Licht der Liebe und der Seele erleuchtet. Ein weiches, warmes Feld beginnt sich von innen her, um uns herum auszubreiten, das unsere Spannungen ausgleicht und uns zentriert. Dadurch finden wir in uns wieder Heimat. Diese Nuancierungen sind für das Thema der Liebe und der Seele sehr wichtig. Doch es braucht Zeit und ständig wiederholte Übungen, indem man der Seele, der Liebe und dem Licht mehrmals pro Tag Aufmerksamkeit schenkt, sie anerkennt. Dadurch entsteht auch eine innere Beziehung. Die innere Beziehung zur eigenen Seele und der Liebe ist das Wichtigste, weil sie alles möglich macht. Darum ist unsere Mitte so wichtig – unser Herz, weil es uns im Inneren mit Entspannung zentriert und unser Nervensystem ausgleicht. So können wir im Herzen und unserer Seele Halt, Wurzeln und Heimat finden. Dies zeigt sich auch im Politischen: Je extremer die Sichtweisen einer Partei sind, sie sich von der Goldenen Mitte entfernte, desto mehr steigen ihre inneren Spannungen an. Ihre Argumentationen vereinfachen sich, werden härter und manchmal gefährlich. Deshalb haben Antifaschisten und Faschisten ähnliche Strukturen und Verhaltensweisen. So ist es auch in unserem Inneren. Umso mehr wir uns von unserer Mitte entfernen, desto mehr steigen unsere Spannungen an, weil die Seele uns in die Mitte zurückholen will. So hat jedes Teil und jedes Geschöpf seine individuelle Mitte. Jede Zelle hat im Körper ihre Mitte und ihr Gleichgewicht, so auch jeder Mensch in seinem Staat, die zugleich eine gemeinsame Mitte haben. Darum ist die Liebe das Zentrum, weil sie durch die Herzen und Räume wirkt. Die Liebe ist das Zentrum aller Zentren, die gemeinsame, alles durchdringende Mitte, die alles in sich vereint. Was aber passiert, wenn wir uns ständig und immer wieder von unserer Goldenen Mitte entfernen? Zu starke Spannungen und Stress werden entstehen, die unser Denken einengen und unsere Verhalten auf Überlebensimpulse einschränken. Alternative Sichtweisen und die Vernunft werden dabei ausgefiltert. Ohne dass es uns bewusst ist, wollen sich unsere Überlebensenergien durch Flucht- und Angriffsreflexe entladen. Viele Male unterdrückt, richten wir sie nach innen aus. Aggressionen verwandeln sich dadurch in Depression, Aktives wird eingefroren, gelähmt. Unsere Gesundheit kann sich in Krankheit und Leiden verwandeln. Auch der Radar unserer Wahrnehmung wird neu ausgerichtet: Wir wenden uns vom Lebendigen und Aufbauenden ab. Reflexartige Gewohnheiten und Impulse beginnen uns zu denken. Leider merken wir es nicht, weil wir glauben, dass wir selbst denken. So haben wir auch immer mehr den Drang zum Negativen. Zu erregt stürzen wir uns nur auf Nachrichten, die unsere negativen Sichtweisen bestätigen. Empört und schimpfend, teilen wir sie mit anderen und lassen so negative Vielfalt entstehen. Durch immer wieder gleiche Diskussionen und negative Argumente verstärken sich ihre Wirkungen, nach denen wir unser Verhalten ausrichten, wodurch wir spiegelartig in negative Situationen und Beziehungen geraten.

Heute habe ich verschlafen. Trinke mit Stefan und Johannes in der Bäckerei meinen Tee. Seit Wochen scheint zum ersten Mal wieder die Sonne. Alles ist leichter. Meine Gefühle hellen sich auf, die sich wie graue Wolken vor die Sonne meiner Seele gesetzt haben. So wie die Sonne bei dunklen und hellen Wolken scheint, wirkt die Liebe im Leben neutral, jenseits von Gut und Böse. Die Liebe mit dem Licht unserer Seele und der Sonne versorgen uns mit Leben, Schönheit und Glück. Unsere frustrierten Gedanken und Vorstellungen sind es, die unsere Gefühlswolken verdunkeln und uns im eigenen Zwielicht einhüllen. Die Liebe dagegen erstrahlt unser Wesen mit Licht und schlägt mit ihrem Leben unsere Herzen. Doch egal wie wir denken, wie daneben wir uns verhalten, sie lassen unser Herz schlagen. Neutral und bedingungslos leben sie uns. Wir müssen nichts für sie machen, weil sie unser Sein sind. Ohne unser Sein, können wir aber nicht leben und handeln. Darum geht es auch nicht um unsere

Deutungen des Sinns und des Sinnvollen, sondern nur um neutrale Erfahrungen, die die Nahrung der Schöpfung sind. Den Lebenssinn konstruieren wir mit unseren Deutungen, mit denen wir unserem Leben eine Berechtigung geben und unsere Handlungen legitimieren. Ist das aber nötig? Nein, weil wir das Leben mit seinen tieferen Dynamiken gar nicht überblicken können, das uns lebt. Wenn wir uns aber mit unseren Ideen und Gedanken verwechseln, sind wir ein sich immer wieder Veränderndes – nichts Festes. Was wir zu sein glauben, sind dann aber meist zu vereinfachte Vorstellungen von uns selbst, die wir übernahmen oder imitierten. Wir klammern uns an ihnen fest, glauben, dass wir sie sind und verwechseln uns oft mit ihnen. Tatsächlich sind sie aber nur kleine Teile unserer Seele und der Liebe. Unsere Erfahrungen dagegen existieren im Geist ewig – Vorstellungen vergehen. Erfahrungen sind die Substanz aller Informationen, die uns durch Vorstellungen, Gedanken und die geistige Evolution bewegen. So verändern wir mit ihnen auch die Umwelt und die Natur und wirken dadurch auf die materielle Evolution ein. Zugleich wirken unsere sinnlichen Erfahrungen mit der Hilfe unserer Erinnerungen auch zurück auf die Konzepte der geistigen Evolution:

Darwin hat auf den Galapagosinseln etwas erkannt, als er europäische Vögel mit gebogenen Schnäbeln fand. Er fragte sich, wieso all ihre Schnäbel gebogen waren, da sie in Europa spitze Schnäbel hatten, mit denen sie die Käfer aus den Rinden pickten. Darwin begriff, dass es auf den Galapagosinseln keine Bäume gab. In der Erde gab es aber Würmer und Insekten. In der neuen, veränderten Umwelt, führte der Anpassungs- und Selektionsdruck der Evolution mit der Nahrung zur Veränderung ihrer Schnabelform. So wurde der gerade Schnabel krumm. Er machte es den Vögeln leichter, Insekten aus der Erde zu picken. Auch wenn wir häufig über Kiesel laufen, bekommen unsere Füße Hornhaut, die uns schützt. Dafür entscheidend sind unsere Erfahrungen, die in uns und um uns herum auf die Materie einwirken und unsere Körper verändern. In der Liebe, der Schöpfung und der Natur sind die Erfahrungen die Bildhauer aller Formen und Körper.

Die Liebe und das Leben wirken in Beziehungen und Interaktionen zwischen den Formen und Körpern, in denen wir uns wahrnehmen. Sie durchdringen und vereinen uns. So erschafft sich alles im gegenseitigen Erfahrungsaustausch und wird zugleich von ihm erschaffen. Darum ist der Raum auch wichtig, weil Raum Bewusstsein und Geist ist. Nur durch ihn – sein Bewusstsein, können wir das Eine vom Anderen unterscheiden, uns gegenseitig in ihm erkennen und wirken. Er gibt uns Allen unseren individuellen Bewegungs- und Entwicklungsraum. In ihm dürfen wir uns auch auf das unsichtbare Wesen der Liebe konzentrieren, um es in den Wirkungen des Ausdrucks, in uns allen zu fühlen. Wir dürfen dem Wesen der Liebe unsere Herzen öffnen und uns von seiner Schönheit berühren lassen. Unser Wesen und unsere Seelen sind jedoch nicht beschreibbar. Doch können wir sie durch unseren Ausdruck empfinden, weil sie unsere Wirklichkeit sind, die unserem Licht und der Liebe Ausdruck und Wirkung geben. Darum gibt es auch keinen Sinn, da er ein Phänomen unserer Deutungen und Vorstellungen ist. Ohne Liebe und Leben, könnten wir uns jedoch nichts vorstellen und deuten. Egal, ob wir Gutes oder Böses denken, sie schenken uns allen das Leben. Liebe und Leben existieren jenseits von Gut und Böse, jenseits von Sinn, Moral und Sitte. Mit den Seelen erschaffen sie sich neutral zwischen und hinter unseren Deutungen. So können wir uns auch dem Geist des unbekannten „Lichtmeeres Liebe" hingeben, das uns alle durchdringt. Es braucht aber Glauben und Vertrauen, uns diesem Unbekannten hinzugeben. Wenn wir uns mit unserer Aufmerksamkeit auf das Licht unserer Seele und das Lichtmeer der Liebe konzentrieren, erschaffen wir Tunnel. Durch diese Tunnel können die Lichtflüsse der Liebe hoch in unsere Persönlichkeit und Gedanken- und Gefühlsfelder fließen, um sie zu erleuchten und Spannungen auszugleichen. Dadurch werden in uns auch neue Erkenntnisse, Sichtweisen und Lösungen aufsteigen, die sich uns offenbaren.

Wir dagegen produzieren ständig Vorstellungen, denen wir Bedeutungen geben. Tatsächlich läuft es aber meist anders, als wir es uns vorgestellt haben. Nicht so, wie wir es uns wünschten. Das ärgert und verwirrt uns. Wir verfallen in Deutungen und suchen für unsere Ängste ständig Erklärungsmodelle, wodurch wir Menschen auch fälschlicherweise die Bedeutung von Feinden geben. Das mündet aber in Konflikte, Kriege und Zerstörung. Trotzdem dreht sich unsere Erde, in stoischer Gleichgültigkeit, Gelassenheit und Selbstgenügsamkeit, weiter um sich selbst. Auch nach Atomkriegen würde sich unsere Erde wieder neu erschaffen – vielleicht besser. Was sind 100.000 Jahre Menschheit in vierzehn Milliarden Jahren des Universums? Was ist ein Menschenleben in vier

Milliarden Jahren Erdentwicklung? Wenn wir im Flugzeug fliegen, runterschauen, erkennen wir in dreihundert Metern Höhe keine Menschen mehr. Doch viele halten sich noch immer für die Vertreter Gottes und glauben die Geschöpfe müssen uns dienen. Was ist das für eine Verblendung? Statt solchen Aussagen und Dogmen zu glauben, dürfen wir uns leer machen, um zu empfangen. Wir dürfen uns von unseren zu reduzierten Vorstellungen, zu engen Selbstbildern und gegenseitigen Vorurteilen befreien. So können wir uns als Menschen wieder bedingungslos begegnen, um die Qualitäten des Lebens und der Liebe, die wir selbst erschufen wertfrei anzunehmen. Erschaffen, sollen wir von den Erfahrungen des Lebens bewegt, unsere Erfahrungen mit anderen teilen und sie empfangen. Wir dürfen glücklich, dankbar und liebend sein.

Auf der Terrasse des Cafés liegen wir in Decken eingehüllt auf den Liegenstühlen. Um uns herum spielen die Kinder. Du hast kurz geschlafen. Trotz der Sonne ist es kalt. Wir beschließen hinein zu gehen. Lächelnd nimmst du meine Hand und stupst mich in die Seite. Erbost zwinkere ich dir zu. Deine Augen streicheln sanft mein Herz. Wir setzen uns ans Fenster. Kinder streiten um Spielzeuge. Ihre Eltern versuchen zu entspannen, während sie über ihre Kinder wachen. Ich habe Lust auf etwas Süßes. Mein Bauch äugt verstohlen, als ich auf der Speisekarte den Kaiserschmarren erblicke. Du blickst mich mit einem frechen, mahnenden Blick an. Plötzlich wundere ich mich über mich selbst, über einen Gedanke, der sich bedrohlich und störend zwischen uns gesellt hat: Sehe ich dich, wie du mir gegenüber am Tisch sitzt oder sehr ich nur meine Vorstellung von dir? Bin ich etwa ein Gefangener meiner Vorstellungen und Realitäten? Können wir aus dem Glashaus unserer Realität, die Wirklichkeit überhaupt erkennen?

„Was ist los?"

Mit großen Augen blicke ich dich an und ärgere mich über mich selbst. Die Sonne scheint herein und wärmt uns.

„Alles ist gut. Entschuldige."

Verwirrt beobachte ich im Inneren meine Gedanken: Immer wieder werden wir desillusioniert, weil wir uns durch unsere Vorstellungen irren. Was aber zeigt sich darin? Wir können erkennen, dass die Wirklichkeit immer wieder eine andere ist. Von Spiegelbildern unserer Vorstellungen und Deutungen geblendet, merken wir es aber nicht.

„Was ist los? Du blickst mich so verdutzt an."

„Willst du wirklich wissen, was ich dachte?"

„Natürlich will ich das."

„Ich überlegte mir, ob ich dich wirklich sehe oder nur meine Vorstellung von dir."

„Du bist süß. Gib mir einen Kuss. Überprüfe es."

Sie umarmt mich und zieht mich an sich. Ich genieße ihre Küsse. Doch plötzlich halte ich inne.

„Meinst du nicht, dass wir uns in der Schöpfung überschätzen?"

Verdutzt blickte sie mich an.

„Du bist wirklich doof!"

Doch sie hielt inne und überlegte einen Moment.

„Wenn wir aus Victor Frankls Sichtweise, also aus der Sicht des Lebens fragen, hast du Recht. Wir können

uns dem Leben öffnen. Wir dürfen erkennen, dass wir es selbst sind, die gegen unser Leben und Bewegt sein ankämpfen. So kämpfen wir auch gegen die Natur, weil wir schutzlose, träge Wesen ohne Fell sind. Keinen Winter würden wir nackt überleben! Daum sehen wir durch unsere einstigen evolutionären Erinnerungen in der Natur und den Tieren auch unbewusst eine Bedrohung und schützen uns vor ihnen. Wir wollen uns selbst behaupten, um sie durch unser gelerntes, falsches religiöses Verständnis zu beherrschen."
Nachdenklich blicken wir uns an. Ich staune über ihre Offenheit, Flexibilität und Vorurteilslosigkeit. Leider lässt sie mich auch oft durch den Spiegel ihrer Augen sehen, wie ich über meine Gedanken stolpere und mit ihnen Abstand erschaffe. Sie lässt mich stolpern und fallen. Aus der Fassung geraten, streckt sie mir ihre Hand hin, die ich dankbar nehme.

„Ja wir sind von der Natur abhängig. Wir dürfen unsere Abhängigkeit vom Leben erkennen, das uns Allen gegeben wurde. Es lebt uns, durch jeden Schlag unseres Herzens. Wir dürfen unsere Wut, unsere Angst vor dieser Abhängigkeit erkennen. Das ist die Voraussetzung für Demut: Vor dem freien Willen und der Freiheitsidee zu kapitulieren, um sie als Illusion zu erkennen."

„Wie meinst du das?"
Neugierig schaut sie mich an.

„Um die Freiheit zu erleben, muss ich zuerst lernen, meine Abhängigkeit vom Leben und der Natur zu akzeptieren. Machen wir es nicht, werden wir uns mit dem „Ruf nach Freiheit" über das Leben, die Schöpfung und unsere Natur hinwegsetzen. Oft sind wir uns dem aber gar nicht bewusst. Erst wenn wir unsere Abhängigkeit vom Leben, die Abhängigkeit von der Natur und den Mitmenschen akzeptieren, beginnt unsere tatsächliche Freiheit. So machen wir uns oft von zu schwärmerischen Vorstellungen abhängig. Später erwachen wir frustriert in der Wirklichkeit und ärgern uns über unsere eigene Begrenztheit. So schimpfen wir lieber über den Staat, die Gesellschaft, die Nachbarn und über die Religionen."

„Du meinst, dass wir uns über sie hinwegsetzen?"

„Ja."

Die Sonne drängt die Schatten des Raumes weg. Ich genieße ihre Wärme, die mich öffnet und entspannt.

„Wir dürfen das Leben aber um Vergebung bitten und uns selbst vergeben, da wir nicht schuld sind. Orientierungslos, geblendet von zu reduzierten Ideen und Konzepten – die wir verinnerlichten, irren wir in uns umher. Wir deuten sie und erschaffen immer wieder neue Vorstellungen, in deren Räume wir umherirren. Oft merken wir es nicht. Darum sind wir nicht schuldig, weil wir im Alltag zu sehr mit unseren Vorstellungen und Gedanken beschäftigt sind. Sie sind unsere inneren Brillen, durch die hindurch wir ins Äußere blicken. Dadurch schätzen wir die Menschen auch oft falsch ein und tun ihnen unrecht. Dafür bräuchten wir aber Zeit, Offenheit und Gespräche, um unsere Irrtümer zu erkennen. So dürfen wir uns offen begegnen, uns bedingungslos zuhören und fühlen. Doch wir sollen mit unseren Irrtümern rechnen und der Klärung Zeit und Raum geben. Oft sind wir aber zu beschäftigt. Wir verwechseln die Mitmenschen und uns selbst mit unserer eigenen Negativität. Wir degradieren, reduzieren uns und erkennen die Vielfalt unserer Seelen nicht mehr."

Fragend blickst du mich einen Moment an. Erwiederst:

„Du meinst, weil wir uns unserer Seele nicht mehr bewusst sind, können wir sie nicht mehr recht wahrnehmen. So können wir auch die Seelenfarben der Steine, Pflanzen, Tiere nicht mehr sehen, lesen und von ihnen Medizinisches lernen. Du meinst, dass wir sie durch die Werte unserer Erziehung und unsere technischen Sichtweisen nach und nach ausgeblendet haben."

Ich stocke:

„Ja. Wir bilden uns ein erkenntnisfähig zu sein. In Wirklichkeit werden wir uns unseren Möglichkeiten und Funktionen des Denkens erst langsam bewusst. Wir haben Intelligenz, können mit ihr Probleme lösen, richtig. Das hat aber nichts mit Erkenntnis zu tun. Erkenntnisse steigen spontan in uns auf. Wir können sie nicht bewusst erschaffen. Darum sind wir nur zum Teil verantwortlich, da wir nicht alles in uns überblicken können. Wir befinden uns noch in einem Zustand des Vergessens und wissen nicht mehr, woher wir als Seele einst kamen und wieso wir hier sind. Wir wissen nicht mehr genau, wer wir sind, weil vieles in uns verborgen ist. Oft verwechseln wir eingeschränkte, selektierte Sichtweisen der Aufmerksamkeit mit unserer tatsächlichen Innen- und Außenwahrnehmung. Wir ängstigen uns vor unserem Unbekannten, das unsere Seele und die Liebe verdeckt. So können wir unsere Erfahrungen nicht mehr in unserem Ganzen einordnen, weil wir uns als Seele vergessen haben. Darum sind wir nicht schuldig."

„Wieso sprichst du immer von Schuld?"

„Erinnere dich an das Judentum, den Islam und das Christentum, die alle vom Baum der Erkenntnis, der Erbsünde und von übernommener Schuld sprechen. Doch um schuldig zu sein, müssen wir uns im Handeln zuerst erkennen und es einordnen. Können wir es aber erkennen? An der Oberfläche ja, mit der Aufmerksamkeit und unseren Sinnen. Doch unsere tiefer gelegenen, sehr alten Erinnerungen und Kontexte und die der Anderen können wir nicht erkennen. Doch geht es überhaupt um Schuld?"

„Kann ich nicht sagen, doch die Sonne scheint. Sieh!"

Sie zupft mich an meinem Finger.

„Du willst mich ablenken."

„Jetzt hast du was verstanden", sie lächelt mich herausfordernd an."

„Lass mich bitte den Gedanken fertig ausführen."

„Ausnahmsweise, weil du so süß bist."

„Bin ich das?"

„Autsch"

Sie hat mich in meinen Finger gebissen.

„Du Biest, doch lass mich bitte weitermachen. Vor dem ersten Anfang war es die Einheit selbst, die ihren raum-, zeit-, energie- und formlosen Erfahrungen wieder Form, Ausdruck und Wirkung geben wollte. Die Einheit wollte sich in ihrer Vielfalt selbst ausdrücken und erschuf dafür ihre Schöpfung und die Seelen. Mit ihrer Hilfe wollte sie ihre Erfahrungen ausdrücken, sie in uns manifestieren, dass wir sie frei, liebend und schöpferisch nutzen können. Die Einheitsliebe mit ihrem Geist, Einheitsbewusstsein und Licht, gibt sich uns Allen bedingungslos, dienend und liebend hin, in denen wir uns wahrnehmen und kommunizieren. Können wir das? Nein, da wir uns nur sehr eingeschränkt selbst wahrnehmen. Vieles haben wir vergessen oder ausgeblendet. Sind wir uns den Dynamiken und Abläufen unserer Zellen bewusst? Doch um was ging es der Liebe und der Schöpfung? Ich glaube, es ging ihnen um eigene Erfahrungen und eigenes Erleben, die sie mit allen Seelen teilen wollten. Sie wollten sich durch die die Seelen selbst erleben und Erfahrungen sammeln. Dafür brauchten sie aber eine differenzierte und nuancierte Wahrnehmung, die sich heute aus unseren seelisch-geistigen und psychisch-materiellen Seelenebenen zusammensetzt. So glaube ich, dass es nie um ein Fallen und nie um Schuld ging. Nein, es ging um Vielfalt, um die Vielfalt unseres Erlebens und Wahrnehmens. Mit jeder weiteren Verdichtung unserer Wahrnehmungsebenen, konnten wir Seelen uns zugleich auch nuancierter und differenzierter erfahren und uns in den Gemeinschaften erleben."

Du blickst mich ernst an, wanderst durch streitende Vorstellungen. Altes, lehnt sich in dir gegen Neues auf.

„Du könntest Recht haben. Ich kann nichts dazu sagen. Doch es tönt gut."

„Darum sollten wir zunächst einmal erkennen, dass wir es selbst sind, die gegen unser Leben und die Liebe kämpfen, die uns mit Inspirationen, Licht und Liebe nähren und führen. Doch wir erkennen sie meist nicht, weil sie in unseren Spannungen verpackt sind. Darum nehmen wir sie oft als unangenehmen Druck wahr und wollen sofortige Bedürfnisbefriedigung:

Wir Männer entladen uns im Fitnessstudio, trinken in der Bar oder gehen ins Bordell. Jugendliche debattieren, tanzen und Frauen hoffen auf Verschönerung im Kosmetikstudio. Wir betrinken uns, nehmen Drogen, suchen Sex, im Extremen den Kick oder arbeiten zu viel, um uns innerlich zu wärmen."

„Bist du sicher."

„Klar es sind Klischees, doch du verstehst, was ich damit ausdrücken will. Wir versuchen den Bewegungen, dem Lebensdruck und der Liebe zu entrinnen. Wir kämpfen gegen sie an. Doch wir haben verlernt, Druck auszuhalten und uns Zeit zu lassen. Würden wir inneren Druck aber zulassen, unsere Impulse kontrollieren und uns von ihnen etwas distanzieren, würden wir die in uns aufgestiegenen Inspirationen, Poesien und Bilder erkennen, die uns drängen, sie umzusetzen. Was für ein Reichtum würde sich uns offenbaren! Wir könnten anfangen unseren Gefühlen, Gedanken, Trieben und dem Körper wieder zu vertrauen. Tun wir das, dann vertrauen wir dem Leben. Doch statt dem Leben, mit seinen Inspirationen zu vertrauen, überhöhen wir nur die Wissenschaften, unsere Technik und die Wirtschaft. Wohin hat uns das aber gebracht? Wo stehen wir? Bald sind unsere Lebensgrundlagen, unsere Luft und unser Wasser zerstört. Doch indem wir die Natur zerstören, zerstören wir uns auch selbst, weil wir Teile der Natur sind. Unseren Größenwahn gegenüber dem Leben erkennen wir nur, wenn wir unser „Gut und Böse sein" vor uns selbst entlarven. Da wir mit dem „Gutsein" auch das „Böse" verstärken (Lao-Tse). Damit befinden wir uns in einer dualen Zwickmühle. Doch wir können uns auch von unserer Zwickmühle distanzieren, aus falschen Entweder/Oder Deutungen heraustreten, um dahinter unsere tiefere Vielfalt zu erkennen. Dadurch erkennen wir – in und um uns herum, auch wieder die Vielfalt des Lebens und der Liebe, die sich in ständig verwandelnden Liebesflüssen und Metamorphosen manifestieren. So besteht die Blume nicht nur aus ihren zarten, farbigen Blättern. Nein, im Dunkeln der Erde hat sie auch ihre Wurzel. Unser Unbekanntes erkennen wir aber nicht, so wie wir das Leben und die Liebe nicht erkennen. Trotzdem wächst aus der Wurzel jedes Jahr eine neue Blume empor. Wir dürfen dem Leben, der Natur und unseren Gemeinschaften vertrauen, uns ihnen hingeben, die uns inspirieren und bewegen. Wir dürfen dem Leben und der Liebe vertrauen, die uns mit ihren Erfahrungen und dem Licht nähren und bedingungslos unsere Herzen schlagen."

„Fühlst du mich, unsere Liebe?"

Ich werde unsicher, versuche mich dem Fordernden und meinen Ansprüchen zu entziehen. Wie Berge erscheinen sie mir oft, vor denen ich wie ein Esel stehe. Wie schwer es ist, meine eigene Ohnmacht zu ertragen. Mich in meinen eigenen streitenden, gegensätzlichen Erfahrungsflüssen und Sichtweisen zu erleben, die in mir streiten, mich aufladen und antreiben.

„Ja ich bin in dich verliebt". Ich lächle. Ob sie meine Unsicherheit fühlt? Ich fühle mich in diesen Momenten etwas schuldig. Liebe ich wirklich? Ich versuche nebenbei meinen mir entweichenden Gedanken zu halten:

„Die Liebe ist für mich Leben, die uns durchfließen und sich durch unsere Herzen berühren, um sich in uns zu finden und mit sich selbst zu verschmelzen. Sie erleuchten mit ihrem Licht unsere Herzen und entfalten sich warm um uns herum. Im leuchtenden Spiegel deiner Augen und zarten Hände berühren sie mein Herz. Sie erfüllen uns mit sanfter, sinnlicher Ruhe und Inspirationen. Wenn wir traurig oder mutlos sind, dürfen wir uns setzen und die Hand auf unser Herz legen. Wir dürfen das Leben fragen, das uns durch unser Herz mit Inspirationen antwortet. Leben und Liebe nehmen uns wie Kinder an unseren Händen. Wenn wir ihnen vertrauen, uns ihnen hingeben, können sie uns führen. Dann beginnen wir zu wachsen.

„Das hast du schön gesagt. Ich verzeih dir deinen Vortrag."

Sie zwinkert frech und zieht mich an sich, küsst mich. Weich und warm sind ihre Lippen, die ich so liebe. Noch immer von Gedankenflüssen bewegt, gebe ich mich ihrer Umarmung hin. Ich genieße sie, die mich unbarmherzig in die Liebe zieht. Wie Recht sie doch hat, wen sie mich über die Widersprüche meiner Ideale stolpern lässt. Doch ich kann nicht aufhören, bäume mich gegen die Liebe auf:

„Die Liebe lässt unser aller Leben entstehen, das uns im Innen und Außen bewegt und uns durch ihre Schönheit glücklich macht. Die Liebe verbindet uns mit ihrem Licht, das wir warm in unseren Herzen finden. Das fordert Hingabe, Zartheit, Weichheit, Entschlossenheit und auch Mut. Die Erkenntnis daraus wird erfüllend sein. Die Liebe und das Leben existieren hinter unseren Deutungen und Vorstellungen.

Ohne sie wären unsere Deutungen aber gar nichts. So finden wir im Geist der Liebe, im Licht der Seele und unseren Herzen auch wieder Frieden und Glück. Wir können unseren Herzen vertrauen, zufrieden Selbstgenügsamkeit lernen. Dann hätten wir wieder Zeit, weil wir nicht mehr so viel Zeit für unsere Wünsche und Sehnsüchte bräuchten. Wir hätten wieder Raum, um die Fülle und Schönheit des Lebens zu genießen. So könnten wir unser Leben leben, das uns mit jedem Herzschlag bedingungslos lebt. Das Leben liebt uns. Es drückt sich mit dem Wesen der Liebe und der Schöpfung durch uns hindurch aus, die sich in uns individualisieren und personifizieren. Mit ihrem Licht geben sie unserem Wesen und unserer Seele Ausstrahlung und Wirkung. Mit Düften, Klängen und Farben drücken sie sich im Wesen der Tiere, Pflanzen, Steine, Gewässer und Winde aus, die uns erfreuen. Im Geist, Bewusstsein und Licht der Liebe nehmen wir uns alle wahr, kommunizieren und tauschen Erfahrungen aus. Das Wesen der Liebe gibt jedem Geschöpf seine Individualität, Ausstrahlung und Wirkung. Sie entwickelt uns mit dem Leben und seiner Schönheit und nimmt uns wie ein Kind an der Hand."

In einer sanften Ruhe versunken, blicken wir uns an. Die Farben strahlen im Licht der Sonne. Die Mütter und Kinder sind gegangen. Die Spielzeuge liegen verlassen auf dem Boden. Draußen auf Bänken sitzen Leute mit Büchern. Andere schauen neugierig umher. Alles scheint still. Die Abendsonne lässt das rotbraun Grüne der Bäume erleuchten. Hinter der Wiese sieht man Dächer der Straßenschluchten. Ich habe keine Lust zu reden, genieße für einen Moment die alles einhüllende Ruhe, deine blauen Augen und das Fließen unserer Wärme. Doch etwas Neues drängt empor, das mich nutzt, es auszudrücken. Ich fühle das Drängen der Bilder.

„Alleine sind wir nichts. Wir gehören uns nicht, da wir dem Leben gehören, das uns lebt. Unsere Erfahrungen sind die Erfahrungen der Natur und die der Schöpfung und der Liebe. Unsere Haare wachsen gleichzeitig mit den Gräsern und Fellen der Tiere. Unsere Haut erneuert sich mit den Baumrinden und unser Herz schlägt mit allen Herzen der Schöpfung." Ernst blickt sie mich an, während sich unsere Fingerspitzen berühren. Doch die Inspirationen drängen.

„Schön hast du das gesagt, auch das du immer die Herzen erwähnst. Du hast recht unsere Herzen schlagen, egal ob wir wütend, glücklich oder traurig sind. Unser Herz schlägt gelassen, selbstlos und bedingungslos. Es lebt uns. Wenn du am Abend traurig oder missgelaunt von der Arbeit kamst, war es für dich da. Es hat für dich geschlagen. Hättest du aber innegehalten, hätte die Seele in deinem Herzen dich erkennen lassen, dass du fleißig und ehrlich warst. Davon wolltest du leider nichts wissen und hast nur wegen deiner Erwartungen und dir selbst gearbeitet. Du jagtest dem Geld und dem Prestige hinterher, die dich mit ihrem falschen Glanze lockten. Darum hast du auch keine Erfüllung gefunden. Deine innere Leere wurde immer grösser und bedrohender. Angst hast du abgestritten. Die Buchhaltung stimmte nicht mehr. Deine Erfolge zeigten sich nicht mehr so, wie du es dir vorgestellt hattest. Du lebtest nur noch in Gedanken, Vorstellungen und Deutungen. Als ich dich zum ersten Mal sah, erschrak ich und hatte Mitleid mit dir."

Ich erschrecke. Das wollte ich nun gar nicht hören. Beschämt gehe ich meine Vorträge durch, die ich in guter Absicht hielt. Habe ich mich so in mir selbst geirrt. Ich hatte mich doch verändert. Hatte ich das wirklich?

„Du hattest dein Herz vergessen, dass dich zurück in deine Seele geführt hätte. Du hättest Freude im Tun gefunden und vertrauen in dir selbst. Doch du wurdest von selbstbeschämenden Vorstellungen bestürmt, hast gegen dich und die Liebe angekämpft. Trotzdem schlug dein Herz für dich. Es schenkt dir dein Leben, Schönheit und bewegt dich. Vertraust du deinem Herzen, dann vertraust du auch deinem Leben. Freude und Gelassenheit entstehen. Leben und Liebe bedanken sich für dein Vertrauen. So schlägt dein Herz selbstlos und bescheiden, so wie die Erde sich gelassen und selbstlos dreht. Sie trägt und nährt uns, ohne etwas dafür zu verlangen. Hättest du gelebt, wie dein Herz es dir zeigen wollte, wäre deine Familie noch bei dir. Du hättest ihre verletzten, leidenden Herzen fühlen können. Sie haben dich geliebt. Deine Kinder wollten einen Vater, der für sie da ist. Durch dein Herz hättest du ihre Liebe empfinden können und sie nicht verloren."

Ihre Worte treffen mich tief und hart. Erinnerungen bäumen sich wie riesige dunkle Wellen vor mir auf, drohen mich zu verschlingen. Entsetzt, voller Scham, möchte ich versinken. Versuche ruhig zu atmen und halte mich am Rettungsring ihrer Hände fest. Sie blickt mich ernst an.

„Die Sprache des Herzens ist die Sprache des Lebens. Hättest du dein Herz nicht vergessen, hättest du auch dein Leben nicht vergessen. Du säßest nicht hier. Darum ist es wichtig, dein Herz wiederzufinden. Es wieder für das Leben, die Liebe und deine Seele zu öffnen. Es für mich zu öffnen. Wenn dir das gelingt, ist deine Suche vorbei. Wenn es dir einmal nicht gut geht, du traurig bist, dann setze dich einfach hin. Halte inne. Lege deine Hand aufs Herz und bedanke dich bei ihm. Spüre, wie das Leben durch dich hindurchfließt. Sei einfach dankbar. Habe Mut, deinem Inneren zu vertrauen. Dann vertraust du dem Leben. Das ist sein Lohn. Dein Herz schlägt gelassen im dunklen Raum deines Körpers. Es schlägt immer gleich, so wie die Erde sich auch immer gleich um sich selbst dreht. Sie dreht sich stoisch, gelassen, bedingungslos und selbstlos. Sie nährt uns, ohne etwas zu wollen. Das Herz schlägt uns und die Erde dreht sich gelassen in der Schöpfung, die alles umhüllt. Wir schweben in der Leere und Stille des Raumes. Die Schöpfung und die Liebe sind einfach, dienen uns mit Licht und Erfahrungen als liebende Substanz. Zwischen uns, als unsichtbare Substanz der Räume, durchdringen sie uns alle und vereinen uns im ewigen Lichtmeer der Liebe. Mit der Erde und dem Universum schweben wir im Lichtmeer, das uns durchdringt und uns mit unseren Seelen, Herzen erleuchtet, bewegt und Heimat gibt. Das Licht der Liebe fließt sanft und weich aus unseren Herzen in unsere Gedanken-, Erinnerungs- und Gefühlsfelder hinein. Es hüllt uns warm ein und entspannt uns. So dürfen wir uns wieder ver-

trauen, weil das Leben uns mit seiner Liebe bewegt, verbindet, lebt und unsere Herzen schlägt."
Schweigend blickst du mir tief in die Augen. Berührt, entspanne ich mich. Mein Erschrecken löst sich langsam auf. Zärtlich nimmst du meine Hände, küsst sie. Verwirrt, lasse ich mich treiben, die du mich durch die Wogen meiner Selbstzweifel führst. Ich beruhige mich. Die Wellen glätten sich. Alles ist plötzlich still. Die Sonne ist untergegangen und die lärmende Stadt kommt im Abendrot zur Ruhe. Ich kann dir nichts erwidern, schweige und drohe im Blau deiner Augen zu versinken.

„Du musst nichts sagen. Teile deine Liebe, doch nicht nur mit mir. Sie wurde uns Allen zum höchsten Wohle gegeben! Die Liebe mit ihrer sanften Sinnlichkeit, Schönheit und ihren Inspirationen sollen wir gemeinsam teilen und uns ihrem Leben hingeben! Wir sollen das Leben, was uns gegeben wurde, leben!"
Alles ist plötzlich voller Frieden, warm, als ob wir im Lichtmeer schweben. Deine weichen Augen leuchten, teilen Mitgefühl und Wärme, die mein Herz berühren. Ich bin dankbar und für einen Moment glücklich.

E N D E

Andreas Wolf von Guggenberger

geb. 1963 in Zürich, arbeitete in der Schweiz als Rezeptionist in der Hotellerie, war freier Verkäufer. Nach Berlin umgezogen, handelte er mit litauischer Keramik, ehe er sein Leben spirituell umorientierte. Neben einer Ausbildung zum Heilpraktiker ließ er sich zum medizinischen Masseur ausbilden, absolvierte eine Hypnoseausbildung nach Giligan, Lenk und Henning und in Neurolinguistischem Programmieren (NLP) bis zum Mastergrad. Es folgten Kurse in hypnosystemischer Hypnotherapie (EMDR), in Entspannungsverfahren (Leiter für Autogenes Training nach J.H. Schultz, Internationale Yogalehrerausbildung) und eine Ausbildung in tiefenpsychologischer Handschriftendeutung.

In seiner Arbeit als freier Graphologe baut er auf Erkenntnissen von Freud, Adler und Ludwig Klages auf und erstellt psychologische Persönlichkeitsprofile. Ferner bietet er Einzelcoachings, Sucht-beratungen, Seminare und Vorträge an. Er setzte sich praktisch mit Sufismus, der Advaitaphilosophie und dem Herzensgebet auseinander, um danach seinen eigenen Weg zu finden, den er in seinen Büchern formuliert.

Was bin ich, wenn ich bin?

Andreas Wolf von Guggenbergers spirituelle Novelle „Was bin ich, wenn ich bin?" ist eine ergreifende Suche nach den Wurzeln des Menschlichen und nach dem Wert der Liebe. Das Buch gibt auf leicht lesbare Weise einen ersten Einblick in die Gedankenwelt des Autors, die er in seinen Büchern: *„Wandern auf dem inneren Weg"* und *„Evolution der Seele und der Schöpfung"*, *„Jesusdialog"* und *„Liebe"*, breit und tief entwickelt.

Heiko, ein Mann in mittleren Jahren, steht vor dem Nichts: Seine Frau hat ihn verlassen, und seine Firma ist pleite. Ein Freund überredet den Verzweifelten zu einem Trip in die Wüste. Am Lagerfeuer treffen sie auf Mohamed, einen geheimnisvollen Beduinen. Ein Gespräch entspinnt sich. Mohamed fordert Heiko heraus, stellt ihm bohrende Fragen. Irgendwann ahnt Heiko: Er war nicht nur Opfer, sondern auch Täter. Er hat seine Ehefrau vernachlässigt und schielte nur noch auf Erfolg und Besitz. Immer mehr stellt der Beduine Heikos´ Selbst- und Weltbilder in Frage. Schließlich begreift Heiko, dass sein bisheriges Leben leer war, materialistisch. Er begreift seine Abhängigkeit von Vorurteilen und Erwartungen. Das nächtliche Gespräch wirkt auf ihn reinigend, kathartisch. Endlich öffnet er sich, lässt Schmerz und Trauer zu. Er wird reif für Veränderungen. Wie Heiko wird auch der Leser überwältigt von der Vision des Beduinen. So wird man neugierig auf den Schöpfungsmythos *„Evolution der Seele und der Schöpfung"* und die neue Ethik, die Andreas, Wolf von Guggenberger in seinen längeren Schriften eindrucksvoll für uns entwickelt.

Wandern auf dem inneren Weg

Andreas, Wolf von Guggenbergers *„Wanderung auf dem inneren Weg"* führt die anrührende Suche nach den religiösen und seelischen Wurzeln des Menschlichen auf 200 zusätzlichen Seiten fort, die er in seiner spirituellen Novelle *„Was bin ich, wenn ich bin?"* begonnen hat. Er baut dabei auf seinem Werk: *„Evolution der Seele und der Schöpfung"* und *„Liebe"* auf.

In seinem Werk „Wanderung auf dem inneren Weg" nimmt er sich dem Thema der Seele an. Der Autor gibt Einblicke in das ganz neue Bild einer möglichen Schöpfungsentstehung. Er integriert Qualitäten, Dynamiken und Erfahrungen des Schöpfungsgeistes in einem neuen Seele-, Geist-, ICH-Modell. In seinem Seelenmodel verbindet er auch die evolutionären Antriebe im Grundverhalten der Persönlichkeit. Er beschreibt Konflikte des Gewissens, des freien Willens, dem ICH und dem Ego in der Wahrnehmung. Dabei dringt er tief in die Psychologie des Menschen ein.

Heiko und Frank sind unterwegs auf einer Pilgerfahrt durch den Kaukasus. Heiko hat alles verloren: Arbeit und Familie. Frank will dem Verzweifelten Bruder Gregori vorstellen, seinen spirituellen Lehrer, der in einem abgelegenen Kloster in den Bergen des Kaukasus lebt. Am nächtlichen Lagerfeuer entspinnt sich ein Gespräch. Bruder Gregori provoziert Heiko, fordert ihn heraus. Bald begreift Heiko: Nichts ist so, wie es scheint. Er ist nicht nur Opfer, sondern auch Täter. Er hat seine Frau vernachlässigt und alles der Karriere geopfert. Verwirrt, erkennt er durch den Mönch, dass es auf einer geistigen Ebene keine Schuld gibt. Bruder Gregori eröffnet ihm eine neue und liebende Welt der Schöpfung. Heiko begreift seine Abhängigkeit von Vorurteilen und Erwartungen. Er erkennt plötzlich seine eigene Verblendung, seinen Selbsthass, die sein Leben bestimmten. Endlich öffnet er sich, lässt Schmerz und Trauer zu. Er wird reif für Veränderungen. Ein Neuanfang zeichnet sich ab.

Andreas, Wolf von Guggenberger

Der Jesusdialog

Aus Stille und Schweigen, scheinbar aus dem Nichts, entspinnt sich ein Gespräch in der Nacht. Ein ICH voller Fragen und Zweifel begegnet einer Stimme, die sich ihm als Jesus Christus vorstellt. Ist es tatsächlich der biblische Jesus, der hier zu uns spricht?

Schnell wird deutlich, dass es darum im Grunde nicht geht. Die höhere Macht, die sich hier einem ICH (und damit uns Lesern) offenbart, speist sich aus einer Inspiration, die alle Menschen durch ihre Seele empfangen können. So ist dieses Gespräch mit Jesus eigentlich eine Meditation um tiefe menschliche Fragen: Um Erstes und Letztes, um die Zerrissenheit des Menschen zwischen Schmerz und Glück, Liebe und Hass, Sehnsucht und Schuld. Es geht um die Bedeutung von Liebe und Eros, von Wahrheit und Lüge, so auch um den Verlust des Weiblichen, des wirkenden Geistes in der Kirche und um Missbrauch.

Jesus ist in diesem Gespräch aber nicht nur ein Wort oder gar eine Behauptung. Das schreibende ICH empfand körperlich und gefühlsmäßig dessen Schmerzen. So erzählt Jesus eindringlich von der tiefen Demütigung der Kreuzigung, von seiner eigenen langen Suche nach der Wahrheit und schließlich von Maria Magdalena, seiner großen Liebe. Wir erfahren: Sie, seine Frau und Gefährtin, sein weiblicher Gegenpol, mit dem er stets die Verschmelzung suchte, die Einheit zwischen Mann und Frau im Eros, wurde von der Kirche stets verleugnet, ja herabgewürdigt. So spricht Jesus wütend, liebend und allen vergebend.

Doch dieses Gespräch sagt auch: Es gibt Hoffnung für uns Menschen. Der Jesus der Liebe, der Barmherzigkeit, des Verzeihens ist lebendig in jedem von uns, in unserer Seele. Er wartet auf uns nicht richtend und nicht strafend, sondern vergebend und liebevoll. So wird er zu uns sprechen, wenn wir ihn rufen. Er wartet auf uns nicht richtend und nicht strafend, sondern vergebend und liebevoll.

Evolution der Seele und der Schöpfung

Andreas, Wolf von Guggenberger
**Evolution
der Seele und der Schöpfung**

Wie könnte die Schöpfung mit den Seelen entstanden
sein? Was für eine Funktion haben die Seelen?
Wie wirken die Schöpfungserfahrungen in den Seelen
und im Geist der Menschen?

Im seinem Werk *„Evolution der Seele und der Schöpfung"* beschreibt Andreas, Wolf von Guggenberger, einen faszinierenden Schöpfungsmythos und legt eine neue Ethik für unsere Zeit vor. Seine originäre Vision der Schöpfungsentstehung sowie der Entwicklung des Geistes integriert naturwissenschaftliche und geisteswissenschaftliche Theorien mit einer tief empfundenen religiösen Schau zu einer mitreißenden Synthese.

Der Autor versucht in seinem ganz neuen Schöpfungsmodell die Grundlagen der Wahrnehmung auf eine völlig neue Weise zu erfassen. Mit 154 Schöpfungsprinzipien beschreibt er eine kontinuierliche Evolution der Seele und der Schöpfung. Er zeigt wie diese Prinzipien sich zugleich in der alltäglichen Wahrnehmung des Menschen zeigen.

Der Geist, das Licht Gottes, seine form- und energielosen Erfahrungen, verdichten sich zur Schöpfung. Der Schöpfungsgeist wird zu einer Leinwand. Auf ihr werden die Bilder in den Vorstellungen der Seelen und in unseren Gedanken sichtbar. Gott identifiziert sich mit den Erfahrungen seiner Seelen, erfährt sich in ihnen. Nachdem die Seelen die Schöpfungsebenen erschufen, entstehen in der Konzeptebene ADAM die Grundlagen für das künftige Universum, die Erde und Menschen. So erarbeitet der Autor auch ganz neue Blickwinkel auf den „Adam und Eva Mythos". Er erweitert den Evolutionsbegriff, unterscheidet zwischen einer geistigen Evolution des Bewusstseins und einer materiellen Evolution des Universums. Geistige und Materielle durchdringen einander und entwickeln sich gegenseitig.

Seine Bücher: *„Wandern auf dem inneren Weg"*, *„Was bin ich, wenn ich bin?"*, *„Jesusdialog"* und *„Liebe"*, sie stellen gemeinsam mit der *„Evolution der Seele und der Schöpfung"* ein sehr persönliches Werk dar. Sie entstanden in einer persönlichen Innenschau, Forschungs- und Erkenntnisreise. So dachte der Autor anfangs nicht daran, sie zu veröffentlichen. In seinen Werken stützt er sich auf seine eigenen inneren Visionen, deshalb unterscheiden sich auch seine Begriffe, von denen anderer Philosophen und religiöser Denker.

„Liebe"

Andreas, Wolf von Guggenberger

LIEBE

EIN PLÄDOYER FÜR DAS LEBEN UND DIE LIEBE

Dieses herrliche Buch hat mich auf eine poetisch-philosophische Reise durch die Vielfalt und Schönheit der Liebe und des Lebens mitgenommen. Tiefe Erkenntnisse eröffneten mir erstaunlich neue Sichtweisen.

Das Erfahren und Verarbeiten dunkler Abgründe von Sucht und Missbrauch lässt das Licht der Liebe und des Lebens sowie die Schönheit und die Farben der Natur in neuem Glanz erstrahlen.

Besonders haben mich persönliche Erlebnisse und Alltagsbilder berührt, die Wolf von Guggenberger mit einer feingeistig nuancierten, manchmal fast lyrischen Sprache beschreibt. Ein sehr berührendes, gelungenes Werk. Ich kann nur sagen toll. Lesen Sie es.

ANGELIKA NEBEL

Herstellung und Verlag:

BoD – Books on Demand, Norderstedt

Bibliografische Information der Deutschen
Nationalbibliothek:

Die Deutsche Nationalbibliothek verzeichnet
diese Publikation in der Deutschen
Nationalbibliografie; detaillierte bibliografische
Daten sind im Internet über http://dnb.dnb.de
abrufbar.

ISBN: 978-3-7494-5106-7

FSC

www.fsc.org

MIX

Papier aus ver-
antwortungsvollen
Quellen
Paper from
responsible sources

FSC® C105338